スポーツ用木製床の維持管理と補修・改修マニュアル

スポーツフロアのメンテナンス

(公財)日本体育施設協会屋内施設フロアー部会

# はじめに

　わが国におけるスポーツフロアは、関係者の永年の建設努力により、そのストックは十分充足してきています。

　従って、これからのスポーツフロアの課題は、このストックをいかにして適切な状態で長持ちさせるかにあるといえます。

　しかし、現状をみると多くのスポーツフロアが必ずしも適切に維持管理されているとはいえない状態にあるようです。

　表に示した事故例は、管理が不適切なために利用者がケガをして保険金が支払われた例であり、実際にはもっと多くの事故が発生しているものと思われます。

　スポーツフロアの維持管理は、問題が発生した時に専門業者に補修を依頼すればよいというものではなく、事故を未然に防ぐために施設を適切に使用し、点検し、異常が発生した場合は早期に補修するということが大切です。

　本書は、スポーツフロアの大半を占める木製床（鋼製床下地によるフローリング張り工法）に対象を絞り、その具体的な維持管理の方法について、主に施設を維持管理される方々を対象として詳しくわかりやすく書いたものです。

　具体的に専門業者の診断や補修・改修工事を検討される場合は、巻末に紹介してあります屋内施設フロアー部会会員会社に是非ご相談下さい。

　　　　　　　　　　　　　　　公益財団法人日本体育施設協会 屋内施設フロアー部会 維持管理小委員会

～社会体育施設保険制度賠償事故例（スポーツフロア関係抜粋）～

（出典）：公益財団法人日本体育施設協会 社会体育施設保険部会資料

地域	事故日	支払保険額 （千円）	被害者	事故内容	原　因 （スポーツフロアー部会記入）
群馬県	98.2	40	男性	体育館内で雨漏りが発生していたため、フロアに水がたまっていて滑り、転倒して受傷したもの	日常点検と管理の不備
福岡県	99.3	55	46才女性	体育館でバドミントンの練習中、バランスを崩して倒れた際に振動で浮揚していた器具取付金具の留め釘にて右膝を裂傷したもの	床金具の日常点検と補修の不備
愛知県	00.3	161	15才女性	バドミントン支柱留床面金具の留めネジが5mm程浮いていたために、バレーボール練習中の被害者が当該個所に肘を打ち付け裂傷を負ったもの	床金具の日常点検と補修の不備
富山県	00.4	6	15才男性	剣道室の床に割れ目があり、被害者の足に約10cmのトゲが刺さり負傷したもの	日常点検と補修の不備
千葉県	01.8	40	45才女性	被害者がバドミントンのプレー中に、床にガムテープのようなものが付着していたため、足を取られアキレス腱断裂したもの	日常点検と清掃管理の不備

目 次

はじめに

第1章　概　論
1．スポーツフロアの劣化と維持管理の重要性・・・・・・・・・・・・・・・・・・・・・・・・・・・・・・・・・・・・・ 4
2．維持管理の方法と分類・・・ 5
3．維持管理の手順・・ 6
4．維持管理上の重要事項・・・ 8

第2章　スポーツフロアの清掃管理
1．日常清掃・・ 9
2．特別清掃・・11

第3章　スポーツフロアの保護
1．仕上材を傷める要因・・・13
2．ワックス掛けの禁止・・・13
3．仕上材の保護対策・・14
4．ラインテープの取り扱い・・・16
5．床金具などの保護・・16
6．床下地材の保護・・17
（付）日常管理用の注意表示モデル・・18

第4章　スポーツフロアの点検
1．点検の頻度・・19
2．管理者による点検内容及び処置事例について・・・・・・・・・・・・・・・・・・・・・・・・・・・・・・・・・19
3．専門業者による診断の事例・・22
4．床の損傷の主な原因について・・25
5．診断・リフォームの問い合わせについて・・・・・・・・・・・・・・・・・・・・・・・・・・・・・・・・・・・・・26

第5章　スポーツフロアの補修・改修工事
1．床の構成材と補修・改修の概要・・28
2．塗装面の補修・改修・・28
3．フローリングの補修・改修・・32
4．床下地材の補修・改修・・40
5．全面改修・・42
6．下地コンクリートの補修・改修・・43
7．改修工事を行なう際の留意点・・43
（付）スポーツフロアに関する関連知識
（付表1）スポーツフロア用塗料と特長
（付表2）公益財団法人日本体育施設協会 屋内施設フロアー部会　会員名簿

第1章 概論

1. スポーツフロアの劣化と維持管理の重要性

　体育館の機能の中で、床の持つ役割は最も重要なものです。木製床はスポーツ用として最適であるといわれており、現在大部分のスポーツフロアには木製床が使われています。

　しかし、床の施工が完全なものであっても、その後の維持管理が不適当でしたら床の性能が劣化し、寿命が短くなるだけでなく、すべりや破損を放置しておくとケガなどを招き、大変危険です。

　従って、スポーツフロアの維持管理は体育館の管理の中でも特に大切なものであるといえます。

　スポーツフロアの維持管理の基本とされるのは次の点です。

・清潔であること
・床表面の光沢、すべりをスポーツを行なう最適な状態に保持すること
・破損箇所が放置されていないこと

　これらをいかに日常、そして長期にわたって維持していくかが、スポーツフロアの維持管理の全てであるといえます。

　床性能は、経年によりある程度劣化することはやむを得ませんが、その速度や程度は維持管理の仕方によって大きな差が生じます。

　(図1-1) に木製床性能の劣化とリフォームの関係をモデル化して示してありますが、適切な維持管理と点検・リフォームによって床性能を長く、その初期性能を維持していくことが可能となります。

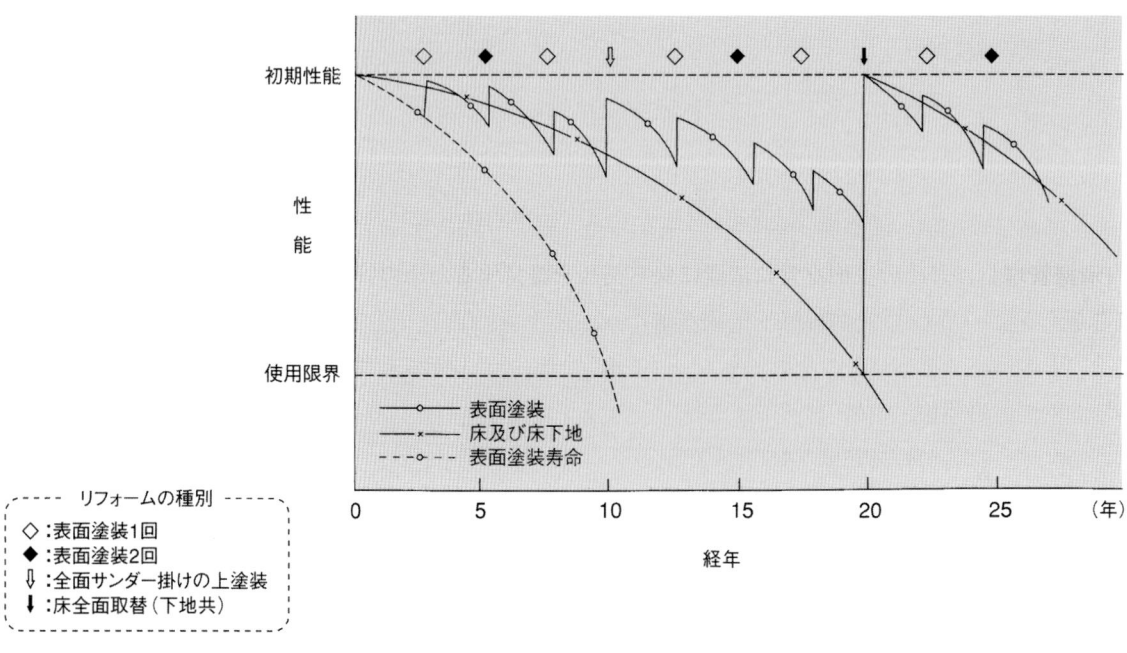

（図 1-1）木製床の劣化とリフォーム

2．維持管理の方法と分類

スポーツフロアの維持管理は清掃管理・保守管理・改修（リフォーム）に分類されます。

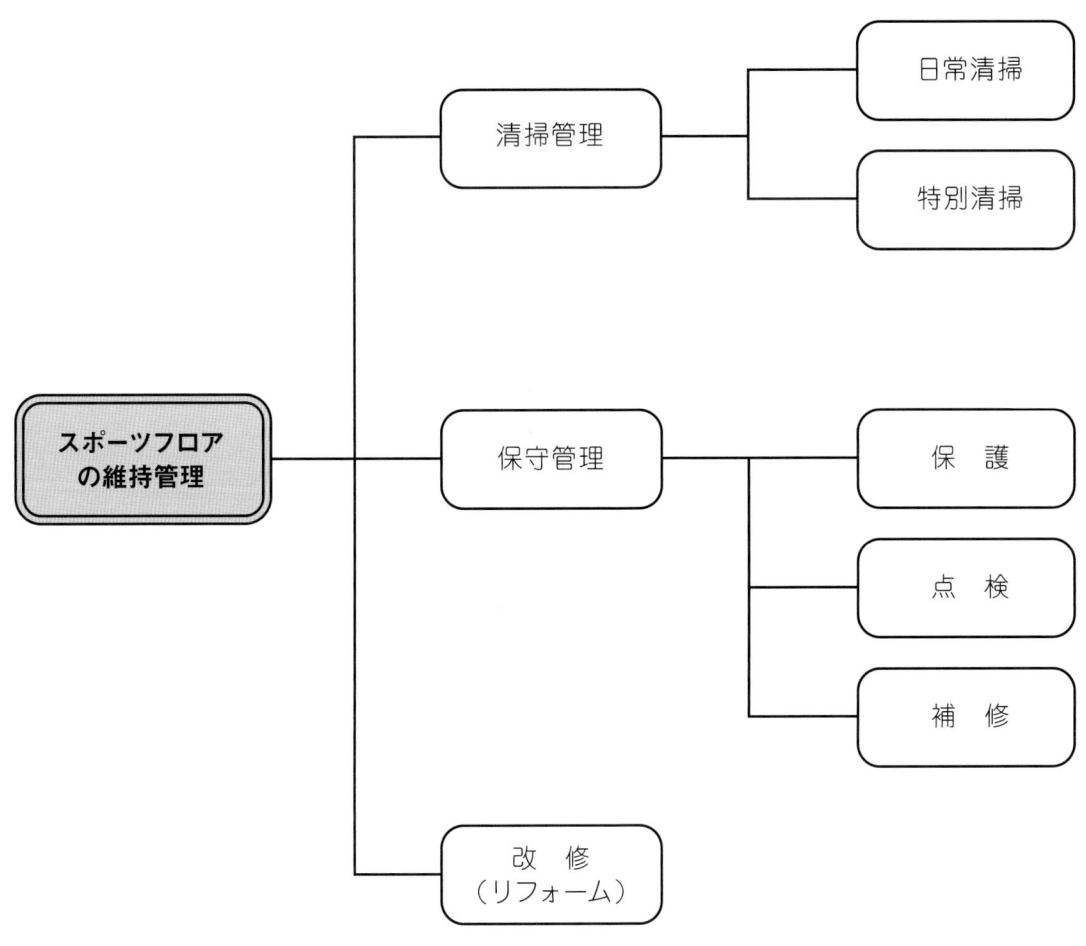

（図1-2）維持管理の分類

「清掃管理」は、床の表面を常に清潔に保ち美観を維持するための管理であり、床面を清潔に保つことにより土砂などの床の劣化要因が取り除かれ、床の異常も発見しやすくなります。

清掃管理は、体育館の使用前後に行なう「**日常清掃**」と、日常清掃では取り切れない汚れを除去するために数ヵ月に1回行なう「**特別清掃**」に分けられます。

「**保守管理**」は、建設当初の床の性能を維持するために行なう管理です。

保守管理は、床の損傷や性能の劣化を防ぐために行なう「**保護**」、床の劣化や損傷状態を調べるための「**点検**」、損傷部分を直して性能を回復させるために行なう「**補修**」に分けられます。

「**改修（リフォーム）**」は、損傷した部分だけでなく、まだ使用できる部分も含めて取り替えて性能や美観を回復させる方法であり、時には床の性能や機能を改善するために行なう場合もあります。

改修（リフォーム）には部分改修と全面改修があります。

3．維持管理の手順

維持管理の手順（日常的な維持管理から補修・改修まで）は、（図1-3）のように示すことができます。

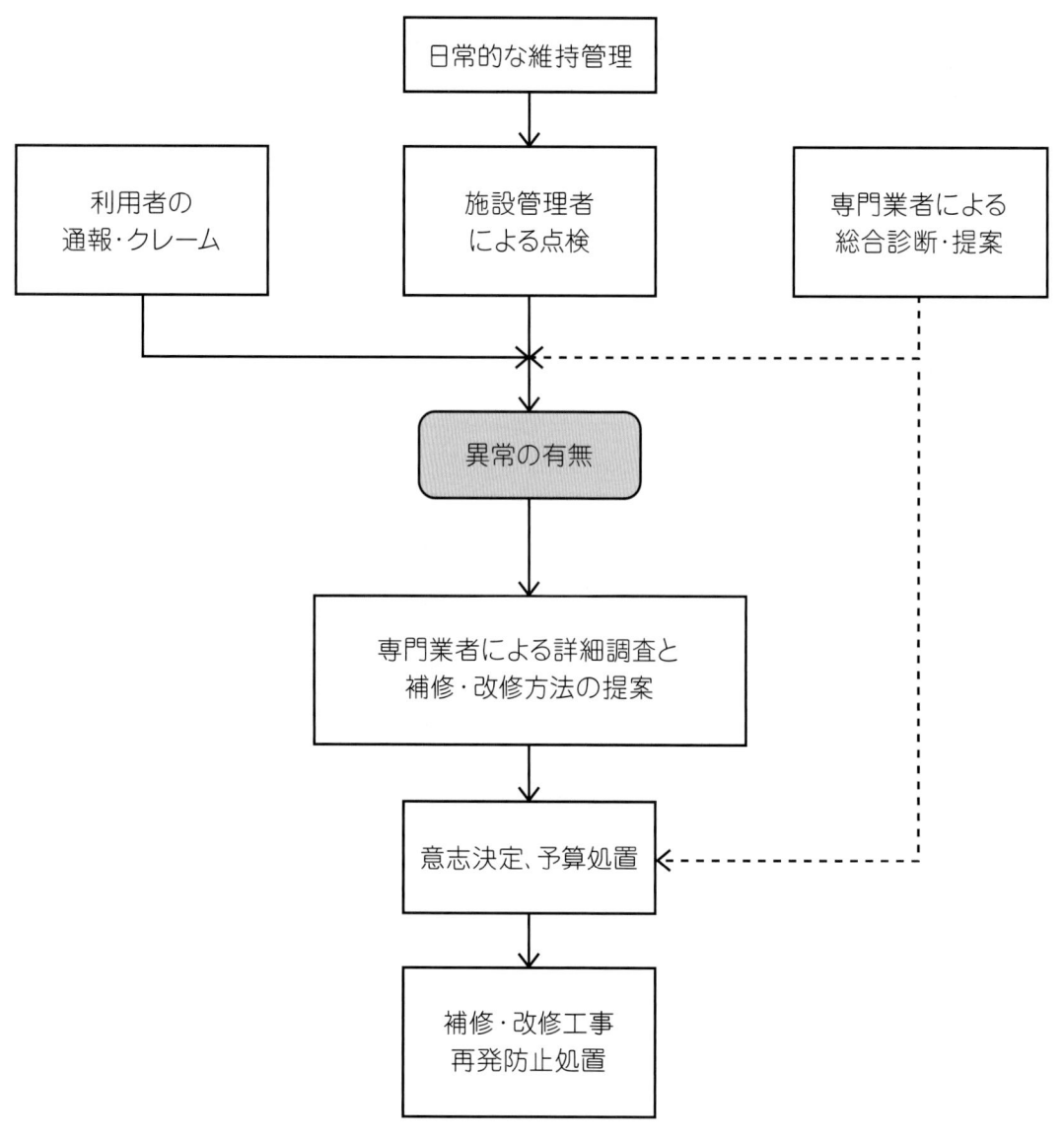

（図1-3）維持管理の手順

（1）日常的な維持管理

スポーツフロアの寿命は、体育館の使い方や手入れの仕方によって大きく影響しますので、日常的な維持管理が大切です。

日常的に行なう維持管理は「清掃管理」と「保護」であり、施設管理者の指示で利用者や委託業者などが行なうことになります。清掃管理の方法については本書の第2章で、保護の方法については第3章で詳しく説明します。

(2) 施設管理者による点検

　床の異常は、利用者からの通報などで発見されることもありますが、むしろ施設管理者が点検を行ない、異常を早期に発見し適切な処置を行なうよう心がけて欲しいものです。

　点検には、日常的に行なう点検と半年から1年ごとに行なう定期点検があります。

　施設管理者による点検の目的は異常個所の早期発見です。特に安全に関わる項目については日常的に点検し、異常を早期に発見し、大事に至る前に補修することが大切です。それ以外の項目についても半年から1年ごとに定期的に点検するようにして下さい。

　定期点検は、スポーツフロアの性能や劣化状況を定期的に総合的に点検し、劣化があまり進まないうちに補修するのが目的であり、日常点検では見落としがちな床の弾力性や床下の点検なども忘れずに行なって下さい。

　施設管理者が特別な検査機器を使用しないで行なえる点検方法を第4章で紹介します。

(3) 専門業者による総合診断・提案

　総合的な診断を専門業者に依頼するのも1つの方法です。床性能の劣化状況を専門業者の目で総合的に評価してもらうと同時に、その原因を探り、補修・改修方法や劣化防止対策などを提案してもらうことができます。

　屋内施設フロアー部会で行なった診断事例を第4章で紹介します。

(4) 専門業者による詳細調査

　日常の使用や点検により異常個所が発見された場合は、専門業者に調査を依頼して下さい。調査により正確な損傷状況や範囲、損傷の原因、補修・改修方法、再発防止対策などの提案が行なわれます。異常個所の調査だけでなく、総合的な診断をこの機会にしてもらうことを推奨します。

　専門業者については、（付表2）公益財団法人日本体育施設協会 屋内施設フロアー部会　会員名簿を参考にして下さい。

(5) 意志決定と予算処置

　調査結果や補修・改修費用の見積に基づき、施設管理者側で補修・改修方法や時期についての意志決定を行ない、予算処置を行ないます。

　緊急を要するものについては、応急処置などの実施も必要になります。

(6) 補修・改修工事

　補修・改修工事と同時に再発防止のための処置を行ないます。

　具体的な補修・改修の方法は第5章で紹介します。

4．維持管理上の重要事項

詳しくは第2章以降で説明しますが、ここで維持管理上の重要な事項をまとめておきます。施設管理者がこれらの事項を実践し、スポーツフロアを安全・快適な状態で維持されるよう期待しています。

①体育館を使用する前後には必ず清掃を行なって下さい。

床表面の土砂・ほこり・ゴミ・汚れを取り除き清潔に保つことが、床の美観を保ち劣化を防ぐ維持管理の基本です。

②日常清掃では取れない汚れを定期的に除去して下さい。

体育館専用モップの押し拭きによる日常清掃だけでは取り切れない汚れは、定期的に入念な特別清掃により除去する必要があります。

③ワックスは掛けないで下さい。

ワックスは床をすべりやすくすることがあります。ワックスを塗布した床は再塗装が困難になります。

④床を傷めないように、以下の保護対策を行なって下さい。

・水分の持込防止：水分は木製床を狂わせ、反り・あばれなどの原因になります。
・土砂の侵入防止：土砂は塗膜を傷つけ、摩耗させます。
・尖った物、硬い物、重量物の持込禁止：これらの物は床を傷つけ、破壊することがあります。

⑤専用のラインテープを使用して下さい。

はがす時も塗装面を傷めないように注意して下さい。
・上塗り塗装後、最低3ケ月以内はラインテープの使用を禁止して下さい。
・ラインテープを長期間放置しないで下さい（使用後は速やかに除去）。

⑥床の日常点検・定期点検を行ない、損傷を早期に発見して下さい。

点検は施設管理者が自ら行なうように心がけましょう。体育館の維持管理を外部に委託する場合には、適切な清掃の実施及び日常点検・定期点検の実施、記録の保管及び速やかな応急処置について仕様書で定めるなどして、受託者に対し同様の対応を求めて下さい。また受託者には公認体育施設管理士[※]を有する者がいることが望ましいです。

※公認体育施設管理士養成講習会（主催：公益財団法人日本体育施設協会及び独立行政法人日本スポーツ振興センター）で指定項目を受講し、試験に合格した者が取得できる資格です。

⑦損傷個所は放置せず早急に直して下さい。

損傷を放置しておくことは危険であり、損傷個所が拡大する恐れがあります。

⑧再発防止処置を確実に行なって下さい。

補修するだけでなく、損傷原因を取り除くことが再発防止のために大切です。

第2章 スポーツフロアの清掃管理

1．日常清掃

(1) 日常清掃の概要

体育館の床の清掃は、日常清掃と特別清掃に大別できます。床表面の土砂・ほこり・ゴミ・汚れの除去が日常清掃の基本です。それもなるべくこまめに行なうことが大切です。

今日では仕上塗装の発達により、仕上面は10年位の耐久性を持っています。ただし、日常清掃が適切でないと耐用年数が短縮し、使用中に思いがけない転倒事故を引き起こすこともありますので、管理者は清掃については万全を期さなければなりません。

日常清掃は体育館専用モップによるものが主体で、集められた土砂・ほこり・ゴミなどの除去には、ほこりのたちにくい自由箒と塵取りを使用します。電気掃除機で吸い取るのもいいでしょう。体育館専用モップは60cm・90cm・120cmのものが使用しやすいようです。

ほこりが床に付着して取りにくい時は、固く絞った雑巾で拭き、溶剤タイプのクリーナー（ラバークリーナーなど）によるモップ拭きも効果的です。

ほこりやゴミがある状態でクリーナー拭きをしますと、ほこりが床に付着して、かえって汚れが取れにくくなります。

(2) 清掃時の水拭き禁止

清掃時には水拭きをしないようにして下さい。摩耗や割れにより、木の素地が出ている部分から水が浸透し、膨張・反り・変色などを起こす恐れがあります。

床の清掃には基本的には水を使わず、汚れ除去のために水や洗剤を使う場合も固く絞った雑巾で拭き、汚れの除去後は乾いた布で水分を拭き取るようにして下さい。

(3) 体育館専用モップの扱い方

体育館の清掃は、体育館専用モップ（他の場所と兼用しない）で乾拭きを行ない、ほこりを取り除きます。体育館ではほこりで滑る場合もあります。

体育館専用モップは、乾拭き用モップ（巾60～120cm）で柄（ホルダー）とモップ糸が別になっているものが使いやすいでしょう。

※不織布と柄（ホルダー）の組み合わせでも可。

モップによる清掃方法

体育館フロアの長手方向（仕上材の張り方向）に向かってモッピングしていき、元へ戻る方法で繰り返し清掃して下さい。

その際、ほこりを一方向に集めて掃除機などで吸い取ります。

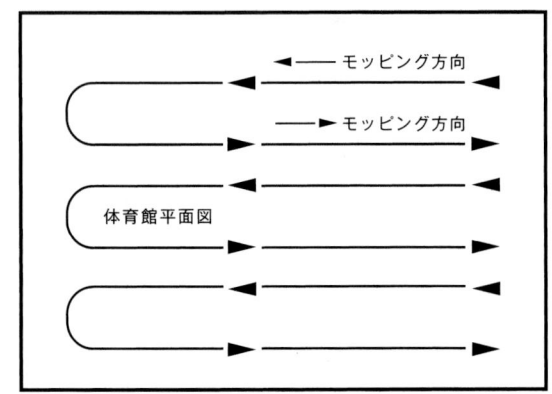

注意事項

・体育館専用モップを他の場所と兼用しないのは、体育館フロアへの油分などの持ち込みを防ぐためです。
・化学モップ（帯電防止剤処理）には滑りやすい化学処理をしたものがあります。
・体育館の床面に湿気がある場合、モップを押しにくくなる場合があります。湿気のある梅雨時などは注意して清掃して下さい。

管理の仕方

・体育館専用モップは使用後に毎回ほこりを叩くか掃除機で吸い取り、清潔な状態で使用します。

ほこりを叩く

・モップが汚れている場合は洗濯（洗剤分を残さないよう注意して下さい）し、乾燥後モップ糸を叩き繊維をほぐした状態で使用します。

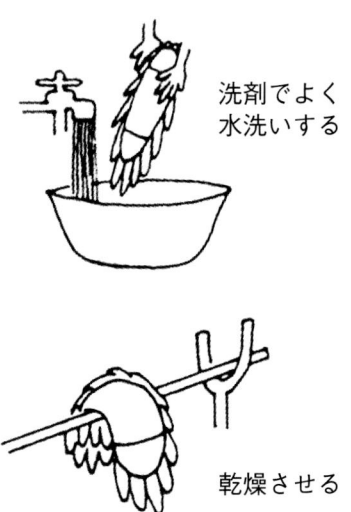

洗剤でよく水洗いする

乾燥させる

※不織布のモップの場合は目地まで毛足が届かない場合があります。なるべく繊維の長いものがよいでしょう。

2．特別清掃
（1）特別清掃の概要
　体育館専用モップの押し拭きによる日常清掃を行なっても、それだけでは取り切れないほこり、シューズなどによるラバーマーク、ラインテープののり跡などが蓄積してきます。そこで定期的に入念な特別清掃を行なう必要があります。また特に激しいスポーツを行なった後には、汗その他による汚れが残り、集会や催し物に使用したシートの汚れが残ることもあります。このような場合にも特別清掃が必要です。

　床の利用度にもよりますが、通常3〜4ヵ月に1度、定期的な特別清掃を必要とします。

　特別清掃は、溶剤タイプのクリーナー（ラバークリーナーなど）を使用して床面の汚れをきれいに取り去ります。

（2）汚れの落とし方
　汚れは気づいたらすぐに取り除くことが大切です。汚れは時間が経つと酸化・重合などの化学反応が進み、取りにくくなります。また、汚れはできるだけ広げずに処理し、塗膜・床材を傷めない洗剤・溶剤を選ぶことが必要です。

　汚れは以下のように分類されます。

　a) 水溶性の汚れ

　　ジュース・味噌汁などの糖分・塩分、汗や血液など。

　　汚れてすぐでしたら水に溶けやすいので、固く絞った雑巾で拭き取ります。取りにくい時は中性洗剤で拭き、さらに水を絞った雑巾で拭き取ります。

　b) 油溶性の汚れ

　　動植物の油・脂肪、鉱物油など。

　　時間が経つと変性し、ベタベタの汚れとなり取りにくくなります。汚れてすぐでしたら中性洗剤、時間の経った汚れはアルカリ洗剤・溶剤タイプのクリーナー（ラバークリーナーなど）・ベンジンなどで取りますが、塗膜や木質を傷めないように気をつけて下さい。

　c) 不溶性の汚れ

　　土砂・ほこりなど。

　　水にも溶剤にも溶けません。体育館専用モップで乾拭きして取り除いて下さい。すすなど粒子の細かいものは、無理にこすったり水拭きしたりしますと汚れが隙間などに入り込み、一層取りにくくなります。

（3）シンナーなどの取り扱い
　塗膜には溶剤やアルカリに弱いものがあり、溶剤を含んだ強い洗剤を使用しますと塗膜を傷めることがありますので、十分注意して下さい。スポーツフロアに使用されることが多いポリウレタン樹脂塗料は比較的溶剤に強いのですが、ラッカーシンナーなど溶解性の強い溶剤は塗膜を傷めますので使用してはいけません。

　塗膜の種類がわからない時は、差し障りのないところで試してみるのがよいでしょう。

汚れの種類	処置
ラインテープののり跡の汚れ	ベンジンまたは溶剤タイプのクリーナー（ラバークリーナーなど）を布に染み込ませて拭き取ります。ラッカーシンナーなど溶解性の強い溶剤は塗膜を傷めますので使用しないで下さい。
ラバーマーク・靴底によるワックス・油類の持込	溶剤タイプのクリーナー（ラバークリーナーなど）で拭き取ります。
チューインガムの付着	塗面が傷つかないよう、まずパテナイフのようなもので取り除きます。残った汚れは溶剤タイプのクリーナー（ラバークリーナーなど）で拭き取ります。
ジュース・清涼飲料水による汚れ	気がついたらできるだけ早く固く絞ったモップなどで拭き取ります。取りにくい時は中性洗剤液をスポンジにつけて拭き、さらに水をつけて固く絞った布などで拭きます。
炭酸マグネシウムによる汚れ	水拭きで除去します。
フロアシートによる汚れ	汚れが目立つ場合は溶剤タイプのクリーナー（ラバークリーナーなど）で拭き取ります。
血液による汚れ	タオルで拭き取り、弱アルカリ性の洗剤をスポンジにつけて拭き、タオルで吸い取ります。酵素入り洗剤も効果があります。

(表 2-1) 汚れ別の処置方法

（4）取りにくい汚れ

塗膜に吸着・浸透してしまった汚れは取りにくくなります。

例えば、保護シート、机や椅子脚部のゴム、濡れた新聞紙などからの転色による汚れです。これらの除去は困難ですから、転色する物質を含まない部品を使用するよう注意して下さい。

また、通常の汚れでも、塗膜が摩耗したりフローリングが割れたりしていますと、汚れが木部の隙間に浸透して取れなくなります。

汚れが部分的でしたらサンドペーパーで削り取り、水性ポリウレタン樹脂塗料で補修する方法があります。

第3章 スポーツフロアの保護

1．仕上材を傷める要因

　木製スポーツフロアの仕上材は、フローリングと表面の塗装で構成されています。木製床はスポーツフロアの床仕上材として優れた性能を持っていますが、一方で軟らかく傷つきやすいので、仕上材の性能を維持し続けるためには、性能を損なう原因を日常的に継続して取り除くことが必要です。

　仕上材の性能を劣化させる主な要因として、以下の4つを挙げることができます。
　・水分と湿気
　・土砂、ほこり
　・ワックス
　・尖った硬い物

　スポーツフロアの仕上材の保護とは、これらの劣化要因を除去することです。
　以下、個々の要因について説明しますが、ワックスについては別項にて詳しく説明します。

①水分と湿気

　木製床にとって水分は大敵です。水分は木を伸縮させ、反り・あばれを発生させ、カビや腐朽の原因になります。また、床の表面が濡れますとすべりやすくなり大変危険です。

　通常の塗装された木製床は、施工後一定の期間が過ぎますと含水率が安定します。従って、特に水分を与える必要はありません。むしろ木製床は水拭きを避けると同時に、外部からの雨水の浸入などを防ぐことが大切です。

　また、結露も床の表面を濡らしすべりやすくしますので、発生を防止することが必要です。

②土砂、ほこり

　土砂は塗装膜を傷つけ摩耗させます。また床をすべりやすくします。そして室内に土砂を残したままにしておきますと、靴で土砂を動かすたびに床を傷つけることになります。

　従って、床の保護のためには土砂の侵入を防ぐと同時に、侵入した土砂はできるだけ速やかに取り去ることが大切です。

③尖った硬い物

　木は比較的軟らかく、傘の先や金属製の椅子などの硬いものに触れると傷がつきやすいので、注意が必要です。

　これらのものはできるだけ持ち込まないように管理するとともに、持ち込んだ場合はその取り扱いに注意する必要があります。

2．ワックス掛けの禁止

(1) ワックス掛けの禁止

　体育館の床へのワックス類の使用は避けて下さい。
　現在、大部分の体育館の木製床にはポリウレタン樹脂塗料が使われており、スポーツ競技に適したすべ

り係数になるよう設計されています。

また、塗膜性能としても耐摩耗性・耐水性など優れた性能を有しています。従って、日常清潔に維持すれば、特にワックスを塗る必要はありません。むしろワックスを塗ると、床がすべりやすくなることがあり、ヒールマーク（靴でこすれた跡）が著しく付きます。

また、ワックスを塗った床は塗料をはじいてしまうため、その上に塗料は塗れませんので、再塗装の際にはワックスの剥離作業を行なわなければならず費用もかかります。

(2) ワックス掛けをしてしまった床の処置

ワックスの剥離剤が市販されていますが、使用方法が適切でないと失敗することがありますので注意が必要です。

以下、剥離剤使用による失敗例を紹介します。

①床面の反り

剥離を行なうためには、ある程度の時間、水分を含んだ剥離剤を床面に滞在させなければなりません。ワックスの層が厚いほど剥離剤の滞在時間と濃度を上げなければならず、水分と剥離剤によるダメージを受けて床面が反ってしまいました。

②変色

剥離剤は中性とはいえアルカリ寄りであるため、強い濃度のものを使用しますと塗膜を侵し、床面が焼けて赤く変色してしまいました。

③塗膜の剥離

ワックスの剥離が不十分だったため、新しく塗布した塗料が密着せず剥離が発生しました。

従って、失敗のリスクを考慮しますと剥離剤は使わず、サンダー掛けによりワックスを除去した後、再塗装することを推奨します。（第5章2参照）

3．仕上材の保護対策

床を損傷から守るための保護対策について、以下に紹介します。

①マットによる土砂・ワックス類の侵入防止

体育館の出入口が屋外に面している場合には土砂が侵入しやすく、他の部屋や建物と接続している場合には、他の床の油脂やワックス類が靴底に付いて入ってくることが多くなります。

いずれにしても、体育館の出入口で土砂・ワックス類の侵入を防ぐことが大切です。それには、靴拭き用のマットを出入口に敷くことが最も効果的です。マットは屋内用と屋外用があり寸法も各種作られていますので、使用場所に適したものを選ぶことができます。

マットは消防法により、防炎の認定製品の使用を義務付けられることがあります。また、フロアシートやマット類は置きっぱなしにしますと床が変色することがありますので、マットの交換や位置換えを適宜行なって下さい。

②土足・ハイヒール類の使用禁止

体育館を講堂として、また催し物に使用する時には、外来者が土足のまま床に立ち入らないような処置をとる必要があります。

特に、ハイヒール・ダンス用シューズなど底の硬い履き物で踏み込みますと床に傷が付きやすいので、専用スリッパを置くなどして防止しましょう。

③傘類の持込禁止

傘や先の尖った器物を持ち込みますと、床の損傷の原因となりますので注意しましょう。

④フロアシートの利用

土足での立ち入りを防止できない場合には、床の保護のためにフロアシートを敷きつめましょう。机・椅子などを使用する時にも効果的です。フロアシートは軽くて強度と耐候性に優れた完全防水のものが望まれます。マットと同様に消防法と床の変色にも注意が必要です。

⑤椅子の脚などのカバー

体育館に持ち込まれる机・椅子などの脚には軟らかいカバーをかぶせましょう。

フロアシートを使用しない場合には特に必要です。備品などについても同様の配慮が必要です。

⑥重量物の運搬・設置

移動式バスケットゴール・ローリングタワー・ピアノなどの重量物を移動する時には、合板などで床を保護しましょう。

運搬車を利用する時には車輪が床を傷つけないよう、十分巾がある軟らかいものを使用しましょう。その通路には傷の原因となる釘・小石がないよう、また車輪自体にも小石などが食い込んでいないかよく点検しておきましょう。

重量物を設置する場所も合板などで保護しましょう。

⑦水分の持込禁止

外部からはもちろん、建物内部の便所・シャワー室・洗面所などからも水分を持ち込みやすいものです。水分の持ち込みを防止するには、各出入口に靴拭きマットを敷くと効果的です。靴拭きマットは常に乾燥させたものを使用しましょう。

⑧結露の防止

スポーツフロアの結露は、室内の湿度が高く床面温度が室内温度に比べて低い時に、床の表面に水滴が発生する現象です。

体育館の床面の結露は施設自体の損傷を早めるだけでなく、スポーツの際にすべりやすく転倒の危険性もあります。

結露の防止は発生原因を見極めた上で行ない、結露が発生しやすい体育館では専門業者と相談してその対策を用意しておくことが必要です。万一結露が発生して床面が濡れた状態になった時は、速やかにモップなどで拭き取り、床の保護と競技者をすべりや転倒から守る必要があります。

4．ラインテープの取り扱い

(1) ラインテープを貼る場合の注意とテープの選択

　床塗装後3ヵ月以内はラインテープを貼らないで下さい。3ヵ月以内にテープを貼ると、塗膜の乾燥状態によってはテープをはがした時に塗膜が剥離する場合があります。

　ラインテープは専用のライン用テープを使用し（ポリエチレン製・ポリプロピレン製のものが適当です）、ガムテープのような粘着力の強いものは使用しないで下さい。また、はがした後に床面にのりが残ってしまうようなものも使用しないで下さい。貼ったテープは必要以上に長く放置しないようにしましょう。

　専門のラインテープを扱っているメーカーとしては、㈱アダチョー・住友スリーエム㈱・ミカサ㈱・㈱モルテンなどがあります。

(2) ラインテープのはがし方

　上手なラインテープのはがし方は、下図のようにテープを手元にゆっくりとたぐり寄せるようにはがして下さい。くれぐれも斜め上に引っ張ってはがすことは禁物です。

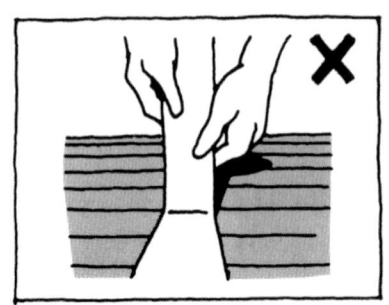 

5．床金具などの保護

　体育館アリーナの床面には、バレーボールやバドミントンなどの競技に使用する床金具や壁側床面の換気口などがたくさん埋め込まれているため、これらの点検や維持管理が必要です。

(1) 床金具の保護

　床金具のふたに塗料がくっついていたり、回転ピンの部分が錆びついて動かなくなったりすることがあります。床金具のふたは長く使用しない時でも定期的に開閉して、塗料のくっつきがないようにして下さい。その際、回転部のピンの部分には注油をして下さい。

　床下部分に取り付けられている床金具にほこりが溜まり、錆びてしまうことがあります。これも定期的に床金具のふたを開けて床下部分の清掃を行ない、ねじ部への注油でその性能を維持することができます。

　床金具にバレーボール用支柱を落としたり、重量物の移動用車輪から局部集中荷重がかかったりしますと、ふたが割れたり曲がったりすることがあります。破損したふたは修理または交換が必要ですが、体育館アリーナ内で重量物を移動する場合は必ず養生用の合板を敷くなどして、フローリングと床金具のふた部分を保護して下さい。

(2) 換気口・点検口の保護

　換気口にほこりが溜まって目詰まりしますと、十分な換気ができなくなります。体育館アリーナの清掃

時に換気口のほこりも取り除いて下さい。また、開閉式の換気口は必ず開いた状態にして床下の換気を行なって下さい。

点検口の目地部分にほこりが詰まりますと、開閉ができなくなったり段差が生じたりすることがあります。定期的に清掃してほこりを取り除いて下さい。

6．床下地材の保護
(1) 床下地材の管理

床下地材はスポーツフロアに適当な弾力性と強度を持たせる役割を果たしており、フローリングの下張り材、大引・根太・支持脚などの構造材、ゴム・バネなどの緩衝材などで構成されています。

床下地材の管理は、以下の点に気をつけて行なって下さい。

・床下換気口に目詰まりがある場合は除去し、床下の換気を十分に行ないます。
・床下に水が溜まっている場合は速やかに除去するとともに、水が入り込む原因を調べて対処します。
・スポーツ競技以外のイベントなどでの使用を検討される場合は、床にかかる荷重が大きくなることがありますので、事前に床下地メーカーへ確認して下さい。

床下地材は日常目に触れないだけに管理の目が届きにくいのですが、床下管理の良否が床の寿命を大きく左右します。

(2) 過大な荷重が加わらないようにすること

体育館は一般的に5000N/㎡（500kg/㎡）程度の荷重に耐えられるように設計されていますので、通常の集会場として使用する場合は強度的に問題ありません。

しかし、各種イベントにおきまして荷重の大きさや加わり方によっては、床の耐力を超える場合があります。

従って、大きな荷重が加わることが予想されるイベントを行なう場合には、事前に床下地メーカーに相談し、強度が不足する場合は補強などの検討が必要になります。

例えば、以下のような場合です。

①集中的に大きな荷重が加わる場合
　　移動観覧席・仮設観覧席・ローリングタワー・自動車の展示など

②長期間大きな荷重が加わる場合
　　相撲の土俵など

③振動や繰り返しの荷重が加わる場合
　　ロックコンサートなど

補強方法によっては、床の弾力性能などが変化することがありますので注意が必要です。
大荷重向けの製品を用意しているメーカーもあります。

（付）日常管理用の注意表示モデル

以下のような表示を、体育館の管理室などに掲示することをお奨めします

スポーツフロア、維持管理の心がけ

1. 体育館の使用前・使用後は体育館専用モップで清掃して下さい。
   ○水拭きは避けて下さい。
2. ワックス掛けは避けて下さい。
   ○ワックスは塗布後1ヵ月ぐらいからすべりやすくなり危険です。
   ○ヒールマーク（靴でこすれた跡）が著しく付きます。
3. ラインテープを貼る場合の注意。
   ○床塗装後3ヵ月以内はテープを貼らないで下さい。
   ○専用のラインテープを貼り、使用後は速やかにはがして下さい。
4. 体育館は土足禁止とし、入口にはマットを敷いて下さい。
   ○外部からの水分・ワックス・土砂の持ち込みを防いで下さい。
   ○土足で使用する時は、フロアシートなどで床を保護して下さい。
5. 傘などの尖った物・硬い物の持ち込みは禁止して下さい。
6. 重量物を移動する時は、合板などで養生して下さい。
7. 許容荷重以上の重量物を持ち込む時は、床下地メーカーに相談して下さい。

関連知識 1

木製床の伸縮・狂い

木製床は含水率の変化により伸縮しますが、その大きさは材の方向によって大きく異なります。体育館の床は下地材などにより伸縮が拘束され、また床の表と裏で条件が異なりますのでその性状は複雑となり、床の伸縮や反り・あばれという現象となって現れます。
木製床の狂いを防ぐためには、"床の各部分の含水率を一定の値に保つ"ことが大切になります。建設当初は伸縮が大きくなりがちですが、一般にある期間たてば含水率は外気と平衡状態となり安定します。
体育館の場合、床の伸縮を考慮して床の周囲に15～30mm程度の間隙をとっています。
また、床下の温湿度環境はなるべく室内側の状態に近づけることが望ましく、床下の換気や通風が重要になります。

第4章 スポーツフロアの点検

　本章では主として施設管理者による点検の方法について説明します。なお、参考として専門業者による診断事例も紹介します。

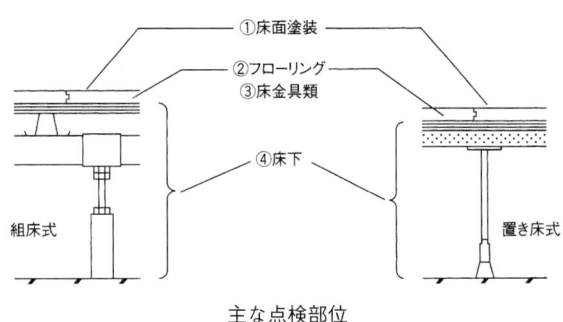

主な点検部位

1．点検の頻度
(1) 日常点検
　安全性を主体に日常的に点検をして下さい。また、使用者からの通報があった場合にはその都度状況を確認して下さい。

(2) 定期点検
　年に2回以上を目安に、簡易診断シートを使用し点検をして下さい。
　なお、不具合の状況によっては専門業者などに相談して下さい。

2．管理者による点検内容及び処置事例について
(1) 日常点検
　安全性を主体に、簡易診断シートの☆印の項目について点検をして下さい。
　［点検項目］
　　　・床面のすべり具合
　　　・フローリングの傷、割れ、反り、浮き、目違い、木栓（ダボ）の浮き、抜けの有無
　　　・フローリングや床金具類のゆるみ、たわみの有無
　　点検の仕方は次項の定期点検と同様です。

(2) 定期点検
①床面塗装の点検
a) 床面がすべり過ぎませんか
　　運動靴を履いて実際に運動をしてみて下さい。すべり過ぎて危険なことはありませんか。
　　　［処置例］すべり過ぎる場合は、ワックス掛けの影響や外部からワックスや土砂が持ち込まれた可能性がありますので、点検・除去して下さい。
b) 床面がすべらなさ過ぎませんか
　　同じように運動してみて、つっかかるようなことはありませんか。すべらなさ過ぎる場合は塗膜が摩耗している可能性があります。
　　　［処置例］再塗装などの検討をして下さい。

c) ワックスを使用していますか

　ワックスは床をすべりやすくする場合があります。

　ワックスの問題については第3章2を参照して下さい。

d) 塗膜の劣化や傷がありませんか

　塗装面の光沢の減少・摩耗・傷やはがれなどがありませんか。

　劣化の程度に応じていくつかの補修方法がありますので、第5章を参照し専門業者に相談して下さい。

②フローリングの点検

　フローリングの損傷は競技者にとって大変危険です。運動時に危険な場合はとりあえず養生や使用禁止の処置をした後、できるだけ速やかに専門業者に相談し診断・補修をして下さい。

a) 傷・割れがありますか

　傷や割れは直接利用者のケガにつながり、大変危険です。

b) 反り・浮き・目違いがありますか

c) 木栓（ダボ）の浮き・抜けがありますか

d) 床なり・ゆるみ・たわみがありますか

　きしみ音や床の凹凸など、歩行や運動時に身体に感じられる事柄にも注意して下さい。なお、これらは下地材の損傷と絡み合って発生する場合もあります。

e) ボールが適正に弾みますか

　バスケットボールで床全体をまんべんなくドリブルし、手首を強く上下しなければリバウンドを取れないなど、ボールの弾み具合が異常に悪いところがないか点検します。人のジャンプによる点検なども有効です。

③床金具類の点検（換気口・点検口などを含む）

a) 床金具のゆるみ・浮き・ずれがありますか。器具はきちんと固定できますか。

　［処置例］金具類のふたのゆるみや浮きは放置しておくとケガの原因となりますので、テープ（コートライン用）で養生するなど危険防止の応急処置をした上で、専門業者に補修を依頼して下さい。

b) 体育器具のぐらつきなどがありますか

　バレーボール用のポールなどを床金具にセットした時、ポールがぐらつきませんか。

　［処置例］ポールの根元を支えるモルタルが破壊し、ぐらつきが生じている可能性がありますので、使用を中止しできるだけ早く専門業者に相談・補修して下さい。

④床下の点検

　水たまり・湿気がありますか。カビ臭いですか。支持脚の浮きや曲がりがありますか。

　床下点検口（多くは体育館の四隅に設置）を開け、床下の状態を点検して下さい。

　床下の換気が悪く湿気を含んでいると、木部の狂い・腐食や鉄部の錆を発生させ、床の寿命を著しく短くします。また、床に大きな荷重が加わったり、地盤が不同沈下したりしますと支持脚の浮きや曲がりにつながることがあります。

　［処置例］異常が発見された場合は状況に応じて使用を止めるなど応急処置をして、できるだけ早く専門業者に相談・補修して下さい。

簡易診断シート

点検年月日：　　　年　　月　　日　　　　　　　　点検担当者：＿＿＿＿＿＿＿＿

部位	※	点検内容	点検結果		備考
①床面塗装	☆	床面がすべり過ぎますか	すべり過ぎる	問題なし	
	☆	床面がすべらなさ過ぎますか	すべらなさ過ぎる	問題なし	
		ワックスを使用していますか	使用している	していない	
		塗装面の光沢が減少していますか	減少している	問題なし	
		塗装面が摩耗していますか	摩耗している	問題なし	
		塗装面に傷がありますか	ある	ない	
		塗装面がはがれていますか	はがれている	いない	
②フローリング	☆	傷・割れがありますか	ある	ない	
	☆	反り・浮き・目違いがありますか	ある	ない	
	☆	木栓（ダボ）の浮き・抜けがありますか	ある	ない	
	☆	床鳴りする所がありますか	ある	ない	
	☆	ゆるみ・たわみがありますか	ある	ない	
		ボールが適正に弾みますか	弾まない	適正に弾む	
③床金具類	☆	ゆるみ・浮き・ずれがありますか	ある	ない	
	☆	体育器具のぐらつきがありますか	ある	ない	
④床下		水たまり・湿気がありますか	ある	ない	
		カビ臭いですか	カビ臭い	カビ臭くない	
		支持脚の浮き・曲がりがありますか	ある	ない	
その他	☆	その他の不具合がありますか	ある	ない	

※ ☆印の項目は日常点検項目

管理者点検の結果専門業者の判断が必要と判断される場合は早めにご相談下さい。

3．専門業者による診断の事例

管理者自身による点検の他に、2～5年に1回程度は経験豊かな専門業者による診断を受けることをお奨めします。

以下に診断の事例を紹介しておきます。

［診断の手順］

①聞き取り調査

設計図面などにより現状を把握しました。

日常の維持管理状況、体育館の利用状況、現在不都合に感じていること、これまでの補修・改修履歴などをヒアリングしました。

②現地調査

目視調査を中心に行ない、携帯型の検査器具などを使用して調査を実施しました。

その他、体育館で使用しているバスケットボールによるボールの弾み具合、バレーボール用ポールによる床金具のぐらつきの点検を実施しました。

③報告

次頁の診断結果報告をまとめました。

人による床のすべり確認状況写真

関連知識 2 　換気口

床下は土壌からの水分の蒸発と換気不足のため湿気がたまりがちです。
湿気は木部を狂わせたり腐朽させたりして、金属部に錆を発生させる原因となります。
床下の湿気を防ぐには床下換気を十分に行ない、湿気が床下に滞留しないようにすることが大切です。そのためには換気口を十分にとり、床高を大きくすることが必要です。
また障害物などにより湿気だまりが発生しないようにし、換気口が目詰まりしないように管理して下さい。自然換気の場合の換気口の大きさと数の目安は以下の表を参考にして下さい。
その他、防湿工事により床下からの湿気を防ぐ方法、強制換気による換気方法なども有効です。
なお、重層式の体育館の床では階高を抑えるため、低床タイプの床が採用されることが多くなります。この場合土壌からの湿気はありませんが、建設後しばらくの間はコンクリートスラブに含まれている水分が蒸発しますので、床面の換気口が必要です。
工事終了後の床下の点検は困難ですから、日常の維持管理が一層大切になります。

換気口の大きさと数の目安

立地条件	壁長	高さ	幅	個数	面積
普通	5～6m毎に	300mm 300mm	1800mm 900mm	1 2	0.54㎡ 0.54㎡
湿気の多いところ	5～6m毎に	400mm 400mm	1800mm 900mm	1 2	0.72㎡ 0.72㎡

診断事例1

調査物件	○○○総合体育館
調査目的	アリーナ床の経年劣化度調査

総合所見	全体的な管理状況は良好と判断される。 床下地については微小な発錆がみられるが、機能上支障のないレベルである。 ただし、床表面の塗装及びフローリングに経年劣化としてのはがれ及びキズや割れが散見される。

診断結果

○：良好、△：補修が望ましい、×：危険・補修要

調査部位	点検項目	診断結果	劣化範囲	評価	備考
	日常管理状況			○	
表面塗装	すべり性	すべり性のばらつき有り	全体	×	
	塗膜	はがれ有り	中央部	×	
	ライン	目視結果OK	—	○	
床仕上げ	フローリング	巾反り	部分的	△	
		欠け・割れ	約20箇所	×	
	金具類	目視結果OK	—	○	
	平滑性	目視結果OK	—	○	
	ボールの弾み	体感結果OK	—	○	
床下地	木部	目視結果OK	—	○	
	鉄部	微小発錆有り	支持脚表面	○	
	ゴム・スプリング	目視・触感OK	—	○	
	土間コンクリート	目視結果OK	—	○	
その他					

補修・改修の提案

上記診断結果より、早急にフローリングの部分的な貼り替え及び全面サンダー掛け再塗装の実施が望まれる。

診断結果

表面塗装	目視による床の表面状態、仕上塗装などの劣化・異常の有無を点検・記録。 床のすべり程度は簡易的に運動シューズで点検・記録。
床仕上げ	目視による床仕上材のキズや変形及び割れなどの劣化・異常の有無を点検・記録。
床下地	目視による床下地（木部・鉄部・ゴムやスプリングなどの緩衝材）の劣化や異常の有無を点検・記録。床上でジャンプやバスケットボールによる床の弾力性の点検を実施し記録。

写真、データは省略

調査物件	△△△総合体育館
調査目的	アリーナ床の経年劣化度調査

総合所見	全体的に劣化がひどく、早急な全面改修が望まれる。 表面の塗装はほぼ全面にわたって経年劣化による剥離がみられ、フローリング材においても経年劣化による割れや欠けが散見される。又、木組床下地の大引材及び根太材にねじれなどが発生し、結合部の浮きや波うち現象がほぼ全面にみられる。

診断結果

○：良好、△：補修が望ましい、×：危険・補修要

調査部位	点検項目	診断結果	劣化範囲	評　価	備　考
	日常管理状況			×	
表面塗装	すべり性	ムラが有り	全体	×	
	塗膜	はがれ有り	全体的	×	
	ライン	はがれ有り	部分的	△	
床仕上げ	フローリング	巾反り	全体的	×	
		欠け・割れ	約20箇所	×	
	金具類	目視結果OK	―	○	
	平滑性	波うち大（目視）	全体的	×	
	床の弾力感	ブカブカ感有り	全体的	×	
床下地	木製大引及び木製根太	ねじれや反り有り	全体的	×	
	鉄部	発錆有り	固定金具表面	△	
	緩衝ゴム	目視・触感OK	―	○	
	土間コンクリート	なし	―	―	
その他		全体的に経年劣化大		×	

補修・改修の提案

安全上・競技上支障があるため、早急な全面改修が望まれる。

診断結果

表面塗装	目視による床の表面状態、仕上塗装などの劣化・異常の有無を点検・記録。
床仕上げ	目視による床仕上材のキズや変形及び割れなどの劣化・異常の有無を点検・記録。
床下地	目視による床下地（木部・鉄部・ゴムやスプリングなどの緩衝材）の劣化や異常の有無を点検・記録。床上でジャンプやバスケットボールによる床の弾力性の点検を実施し記録。

写真、データは省略

4．床の損傷の主な原因について

　床の損傷状態を正確に把握し、その原因を解明することは高度な技術と経験を必要とします。従って床に何らかの異常を発見した場合は、大事に至る前にできるだけ早く専門業者に相談して下さい。

　損傷とその原因との関係で注意しなければならないことは、損傷の原因は損傷の発生した部位にあるとは限らないことです。例えば、フローリングの損傷原因が実は地盤の沈下や亀裂にあり、これがフローリングの損傷となって発見される場合などがあります。

　この場合、フローリングだけを補修しても原因は解消していないため、後日さらに大規模な形で損傷が再発する恐れがあります。このような場合はフローリングの補修だけでなく、故障の原因となった地盤の補修を同時に行ない、場合によっては地盤に過大な荷重が加わらないように使用上の制限を設けるなどの対策を行なうことで、はじめて故障の再発を防ぐことができるのです。

　(表4-1) に床の損傷とその原因の相関関係を示しますが、以下に主な損傷原因例を説明します。

①日常清掃の不履行
　使用前・使用後の床面清掃を怠りますと、利用者はゴミやほこりの上で競技をすることになり、床面の劣化やすべりを促進してしまうことになります。

②外部からの異物持込
　土足での侵入は土や砂を持ち込み、床面を傷めます。
　また上履きを使用している場合でも、他の室からワックスを持ち込んでしまうことがあります。

③不適正なメンテナンス方法によるもの
　清掃時に床面に水を撒いた場合、フローリングの吸湿～乾燥の繰り返しによって反り・割れや床のあばれを発生させます。

④ワックスによるもの
　ワックスはポリウレタン樹脂塗料と比較して耐摩耗性が低いため、定期的にワックスを掛け直さないとすべりやすくなります。また、軟らかいためにワックス内部に汚れが侵入し、黒ずみが発生したり靴のヒールマークがついたりするなど見た目も悪くなります。
　なお、ポリウレタン樹脂再塗装時にはワックスを完全に除去する必要があります。

⑤重量物の移動によるもの
　移動式バスケットゴールなどの重量物の移動は、床に対して局所的に過大な負荷を与えます。事前の検討を怠り補強などの措置を行なっていない場合、床の損傷につながることもあります。特に器具庫の出入口部分は損傷しやすいので注意が必要です。

⑥体育器具の不適切な取り扱いによるもの
　バレーボール支柱などの体育器具を不注意によって床面に直置きした場合、床を傷つけることがあります。また、乱暴に移動すると引きずりなどによりフローリングに傷が付きます。
　移動式バスケットゴールを折りたたむ時に、バスケットリングにぶら下がるなどによって車輪に1点荷重がかかった場合、床面が荷重に耐え切れず局所的に陥没する場合もあります。

⑦ラインテープによるもの

　ラインテープを乱暴にはがしますと、塗膜のはがれが生じることがあります。

　適切なラインテープの選定・取り扱いが必要です。

⑧過度のサンダー掛けによるもの

　床の削り直しを行ない過ぎますとフローリングの表面層が薄くなり、ささくれや板割れが発生しやすくなります。床改修の検討が必要です。

⑨塗膜の摩耗によるもの

　塗膜は使用とともに摩耗し、すべり性能やフローリングの保護性能の低下につながります。

　定期的な再塗装などの管理が重要です。

5．診断・リフォームの問い合わせについて

　管理者の点検の結果、専門的な診断を必要とするケースが多くあります。

　また、管理者自身では判断に迷われることもあります。

　このような時には早めに専門業者による診断（及び補修やリフォーム）を実施して下さい。

　当屋内施設フロアー部会会員の連絡先については（付表2）を参照下さい。

関連知識3

器具庫とその周辺の床仕上げ

①器具庫の大きさ

　器具庫には体育器具や備品などたくさんの物を収納しなければなりません。

　計画を上回る器具・備品が追加購入されてスペースが不足し、使いづらい状態になっているのが散見されます。

　設計段階で十分検討されるべきではありますが、収納棚を設けるなど小物を整理整頓することによって空間を有効に活用することを考えて下さい。

②器具庫の床の構造

　器具庫には重量物（バスケット台・電光得点盤・移動ステージなど）が長期間置かれますので、これらの荷重に十分耐えられる構造にすることが必要です。

　根太ピッチが広く床表面材が薄い場合は、局部集中荷重により表面板が割れたりすることがあります。

③器具庫の床の仕上げ

　器具庫に持ち込まれた土砂・ほこりの清掃が容易な床仕上げにするべきです。

　コンクリート土間仕上げとした場合は、持ち込まれた土砂・ほこりの除去が難しいばかりでなく、収納された器具・備品の機能や性能維持も困難になります。

　また、器具庫の床にワックス掛けをしますと体育館内のフロアにワックスが持ち込まれ、すべりやすくなりますので注意が肝要です。

④器具庫と体育館フロアの境目の処理

　器具庫と体育館の床仕上げが異なりますとその境界部分に段差や隙間が生じ、重量物の器具・備品の出し入れの時に床を傷つけることになります。

　従って、器具庫の出入口は段差発生を防ぐ処置をすることが必要です。

(表 4-1) 床の損傷と原因　相関図

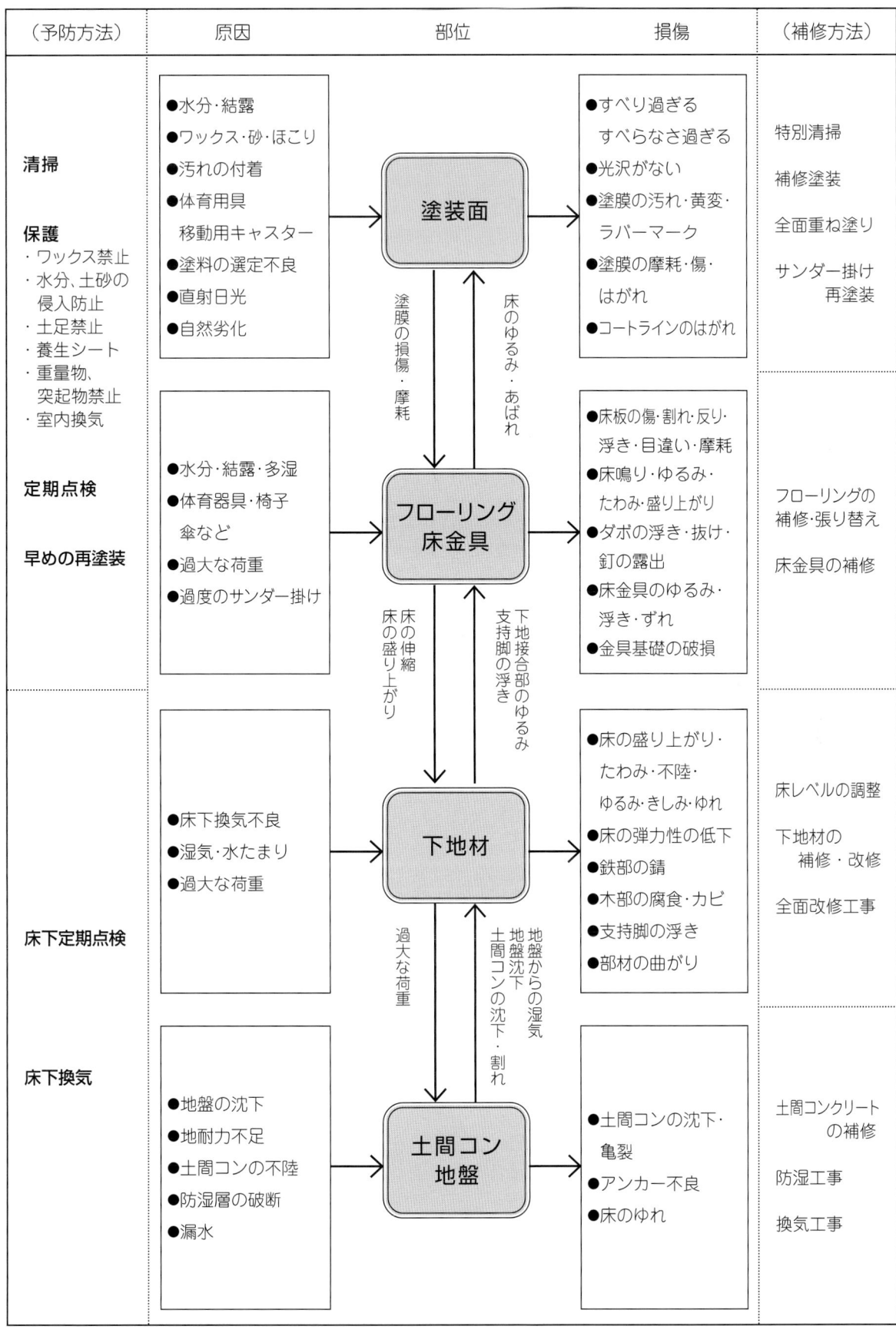

第5章 スポーツフロアの補修・改修工事

1．床の構成材と補修・改修の概要

体育館の木製スポーツフロアは、表面の塗装・下張り材を含めたフローリング・根太・大引・支持脚及び緩衝材から構成されます。

それらに劣化や不具合が生じた場合には、その状況に応じた補修・改修を行なう必要があります。劣化や不具合の度合いが小さければ簡単な補修工事により修復することが可能ですが、劣化がかなり進行している場合や不具合の度合いが大きい場合には、大規模な改修工事が必要となります。

従って劣化や不具合は早期に発見して、できるだけ早く対策を施す必要があります。どのような補修・改修工事が必要かは、専門業者に調査・診断してもらい対応策を決めるようにして下さい。

2．塗装面の補修・改修

(1) 塗装面の劣化と補修・改修

表面の塗装面が適度なすべり性を保持していないと、安全性を損なうとともに競技に支障をきたします。塗装面は使用するに従い塗膜が摩耗してきますので、定期的に補修や改修を施す必要があります。

部分的な損傷の場合は部分補修で修復可能ですが、塗装全面の光沢がなくなった場合には全面重ね塗り、全面的にはがれや損傷がある場合はサンダー掛け再塗装をする必要があります。

(2) 塗料の概要と選択

塗装の補修や改修を行なう場合、最も重要なのは塗料の選択です。特に既存塗装面の上に重ね塗りする場合、1液型・2液型のポリウレタン樹脂塗料は、同種の塗料同士または水性ポリウレタン樹脂塗料でないと密着不良となることがありますので、塗装前に必ず確認して下さい。

現在使用されている木製スポーツフロアの塗料は、溶剤1液型油変性ポリウレタン樹脂塗料、溶剤1液型湿気硬化性ポリウレタン樹脂塗料、溶剤2液型ポリウレタン樹脂塗料、水性1液型ポリウレタン樹脂塗料、水性2液型ポリウレタン樹脂塗料の5種類に大別できます。それぞれの塗料の主な特長について以下に記します。

- 溶剤1液型油変性　　：作業性がよくコスト的に有利だが、紫外線により黄変しやすく溶剤臭が残る。
- 溶剤1液型湿気硬化性：耐摩耗性がよく短期施工が可能だが、湿気や木材の含水率によって密着不良を起こすので十分な管理が必要。
- 溶剤2液型　　　　　：耐溶剤性や物理的性能に優れ黄変しにくいが、混合後の可使時間があり5℃以下の低温時硬化反応はストップする。また価格がやや高い。
- 水性1液型　　　　　：引火性がなく臭気が少なくリフォーム適正に優れているが、やや肉持ち感が劣り価格が高い。
- 水性2液型　　　　　：引火性がなく安全で臭気が少なく、耐薬品性・リフォーム適正に優れ黄変しにくいが、混合後の可使時間があり5℃以下の低温では塗膜形成が困難。また価格が高い。

(3) 部分補修

塗膜が部分的に損傷した場合には、以下の手順で部分補修を行ないます。

①補修塗装部分以外をマスキングテープで養生する。

②補修面の研磨・清掃・乾燥を行なう。
③補修塗料を2〜3回塗り重ねる。
　2回目・3回目の塗装は前の塗装が十分乾いてから行ないます。きれいに仕上げるためには1回の塗膜をできるだけ薄く塗り重ねることです。

(4) 全面重ね塗り
　塗膜の状態が以下のような場合は、塗膜の付着性が十分保たれていると判断できますので、重ね塗りによる改修が適当です。
・使用の激しい場所の光沢がなくなった。
・ラインが一部はがれた。
・塗装後2年程度経過した。
・塗膜は残っており付着性も保たれている。床には異常がない。
・仕上塗料のノンスリップ性がなくなってきた。

〔重ね塗り塗装の施工手順〕
①塗膜の健全性の確認
②研磨・除塵：床面の汚れを除去し、塗膜を研磨する。（特にワックス類は完全に除去する）
③ライン不良個所の補修塗り
④塗装：1回または2回塗り

(5) サンダー掛け再塗装
　塗膜の状態が以下の場合は、全面サンダー掛けを行ない塗膜を全て落として再塗装することが適当です。
・使用の激しい部分の塗装がはがれた。
・表面塗膜が摩耗し、床面の地肌が散見される。
・表面塗膜が摩耗し、汚れが床面に染み込んでいる。
・床面に多少の反りが出ている。
　サンダー掛けによる再塗装は、通常2〜3回程度です（厚さ15mmのムクフローリングで1〜2回、厚さ18mmのムクフローリングで2〜3回）。これ以上のサンダー掛けはフローリングの隠し釘などの露出に注意して下さい。

〔全面サンダー掛け再塗装の施工手順〕
①研磨：中央部はドラムサンダー、壁際はデスクサンダーで研磨する。
②素地ごしらえ：平滑になるまで入念にポリッシャーで研磨する。
③除塵：研磨粉や異物を電気掃除機で入念に取り除く。
④下塗り：所定量のうすめ液で希釈し、刷毛又は羊毛アプリケーターにて塗装後、放置する。（油変性型は12時間・湿気硬化型・2液型は8時間以上放置）
⑤研磨：毛羽立ちやゴミを取り除き、気泡除去と塗料の定着性向上のためポリッシャーで研磨する。
⑥除塵：研磨粉や異物を電気掃除機で入念に取り除く。
⑦中塗り：④下塗りと同様。
⑧研磨：⑤下塗り後研磨と同様。

⑨除塵：⑥下塗り後除塵と同様。
⑩ライン引き：サンドイッチ工法の場合に行なう。
⑪上塗り：下塗り・中塗りと同様。

(6) コートラインの補修・引き直し

　コートラインの引き直し塗装を行なう場合は、コートライン用塗料とフロア用塗料の相性が悪いとはがれることがありますので、塗料の選択は専門業者に相談して下さい。

　コートラインの引き直しは補修個所の研磨・清掃後に行ない、コートライン塗装終了後に床面の仕上塗装を行ないます。

　コートラインの種類が多すぎますと競技に使うラインが見にくくなりますので、コートラインは1コート3～4色程度とその他はコーナー表示のみとして、使用時にはラインテープを貼って対応するようにしましょう。

(7) 補修塗装時の注意事項

　補修塗装時における注意事項を以下に記します。誤った補修工事を行ないますと、すぐに塗膜が剥離したり不具合を増長させる結果となりますので注意しましょう。

①既存塗料との相性の確認

　1液型・2液型のポリウレタン樹脂塗料は、同種の塗料同士でないと付着性不良となりますので、塗装前に確認する必要があります。判別は目視では困難ですので、塗装記録で確認するか、付着性試験や塗膜分析が必要です。その点、水性塗料は安心して使用できます。

②塗膜の健全性の確認

　旧塗膜の付着性が残っている場合は上塗り塗装が行なえますが、付着性が失われている場合は、サンダー掛けして塗膜を除去した上で再塗装する必要があります。

　塗膜の付着性は、セロハンテープを利用した塗膜の剥離試験で判定できます。

③ワックスの除去

　ワックスが付着している場合は、完全に除去する必要があります。ワックスの除去は、サンダー掛けをした上で再塗装することが望ましいですが、場合により市販のワックス剥離剤を用いることも可能です。ただし、使用方法が適切でないと失敗することがありますので十分注意して下さい。（第3章参照）

④研磨

　未研磨部分が残らないように、補修個所全面を研磨するようにして下さい。研磨不十分は密着不良の原因となります。研磨後は掃除機などで研磨時のホコリを完全に取り除き、十分に乾燥させて下さい。

⑤塗装時の気象条件

　気温5℃以下では原則として塗装しないで下さい。5℃以下では塗膜の形成が困難となります。

　また、床を十分乾燥させてから塗装して下さい。

(8) リフォーム用としての水性ポリウレタン樹脂塗料

　床の維持のため、2〜3年毎に塗装面を研磨し水性ポリウレタン樹脂塗料を上塗りすることをお奨めします。価格はやや高めですが、大規模な改修工事をしないで済むことを考慮すれば、トータルコストはむしろ安くなるといえます。

〔水性ポリウレタン樹脂塗料の特長〕
・塗料中の揮発成分はほとんど水であり、希釈も水で行なうので火災・爆発の危険性がなく、臭気も残らない。
・溶剤1液型油変性ポリウレタン樹脂塗料、溶剤2液型ポリウレタン樹脂塗料の上でも、研磨を十分施せば付着性は良好である。
・塗りやすく、乾燥も早いため塗装作業性に優れる。
・他のポリウレタン樹脂塗料に匹敵する性能を保有し、スポーツフロアに適する。

〔使用上の注意事項〕
・ワックスが残っていますと付着性不良となりますので、完全に除去して下さい。
・UV塗料（紫外線硬化型塗料）の上には付着しないことがあります。UV塗料は体育館の床に使われることはまずありませんが、トレーニングルームなどに使用されることがあります。施工時には付着性試験などが必要ですので、専門業者にご相談下さい。
・気温が低いと水が蒸発しませんので、5℃以下での塗装は避けて下さい。5℃以下になった場合はジェット温風ヒーターなどで室温を暖めて施工して下さい。
・湿度が高い（85％以上）場合も、乾燥しにくくなりますので施工は避けて下さい。

複合フローリング

　複合フローリングとは、合板などの台板の上に薄い単板（スポーツフロアの場合3mm以上）を貼った製品です。
　複合フローリングはムク材によるフローリングと比較して、以下のような特長を持っており、体育施設の床材としての使用が増えてきていますが、その特長を十分理解して維持管理を行なう必要があります。

〔特長〕
・資源問題に対応できる製品である。
・台板が合板などのため、品質が安定しており狂いが少ない。良質のムク材が入手しにくくなって来ている昨今、このメリットは今後一層高まるものと思われる。
・表面の単板が3mmの場合、リフォーム時のサンダー掛けは2回程度行なうことができるが、長期的に床性能を維持するため、塗膜が傷む前に2〜3年ごとに適切な塗料で塗り重ねを行なうのが望ましい。

3. フローリングの補修・改修

(1) フローリングの劣化と補修・改修

　フローリングの劣化や不具合はケガや事故の原因となりますので、速やかに対処して下さい。部分的な不具合は部分補修で修復可能です。部分的に傷みが著しい場合は部分張り替えを行なって下さい。フローリング面の傷みが著しくても下地材が健全である場合は、フローリングの重ね張りという改修方法もあります。ただし、重ね張り工法は床面の段差に対する注意が必要です。

　また、床金具や金具基礎・伸縮目地などは特に傷みやすい部分です。不具合は早急に対処して下さい。

(2) 部分補修

①隙間埋め補修

　フローリング間に隙間がある場合、部分的なものであればパテで補修できます。

〔パテ補修の施工手順〕
a) 隙間に沿って養生テープで養生する。
b) 隙間にパテを金ヘラなどで塗り込む。
c) 金ヘラなどで余分なパテを取り除く。
d) 専用シンナーをしみ込ませたぼろ布で、周囲に付着したパテを拭き取る。
e) 養生のマスキングテープを除去する。

　フロア全体にわたり隙間がみられる場合は、専門家の診断が必要です。

②割れ・ささくれ補修

　フローリングの割れや、ささくれがわずかな場合には、接着剤での補修が可能です。

（金具廻りの割れ）　　　　　　　（部分的なヒビ割れ）

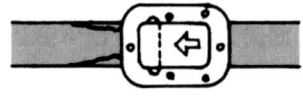 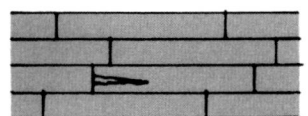

③木栓（ダボ）の浮き補修

　木栓（ダボ）が浮いたり抜けたりしている場合、木栓（ダボ）自体の接着不良が原因でしたら、いったん木栓（ダボ）を抜き取り、接着剤をつけて再度打ち込みます。

　何らかの原因で下張りやフローリングが浮き、釘またはビスとともに木栓（ダボ）が押し上げられている場合は、現状を調査した上、状況により部分的または全面補修を必要とすることがありますので、専門業者に相談して下さい。

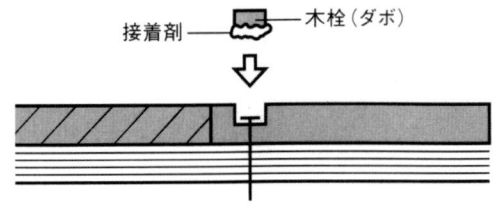

④**釘の浮き補修**

　フローリングが割れたり反ったりして釘が浮いている場合は、その部分のフローリングを張り替えて下さい。

　フローリングに傷みがなく釘が浮いた状態の場合は、研磨などで板が薄くなったことが原因だと思われるので、全面張り替えをお奨めします。

⑤**はがれ補修**

　フローリングのはがれの原因は、吸湿によるフローリング材の変形による場合と下地材の変形による場合があります。

〔はがれ補修の施工手順〕

a）木口部分が浮き上がった状態

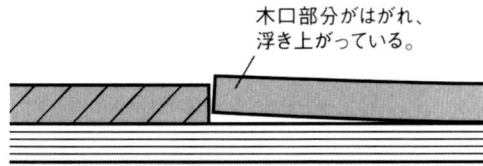

b）浮き上がった部分に穴（1.5〜2.0mm）をあけ、接着剤を注入する。

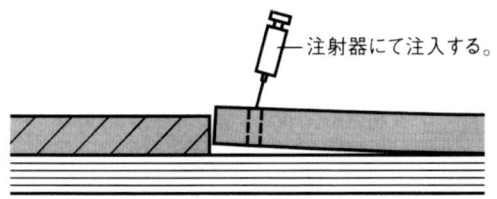

c）接着剤を注入した穴を中心に、木工キリ（直径9mm）で板厚の半分程度の深さに木栓（ダボ）用の穴をあける。

d）釘またはタッピングビスを下地まで打ち込み、はがれたフローリングをしっかりと押さえつける。（脳天締め）

e）木栓に接着剤をつけ、穴に埋める。（はみ出した部分はサンドペーパーで研磨）

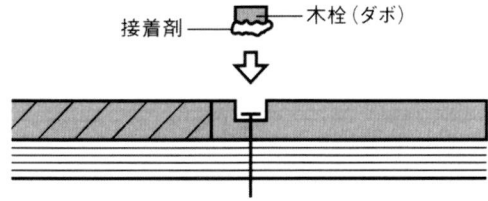

f）補修部分のホコリを清掃して、ポリウレタン樹脂塗料を2〜3回塗り重ねる。

(3) 部分張り替え

以下のような場合には、フローリングを部分的に張り替える必要があります。
- 反り、浮き、割れ
- 表面の傷、変色
- 床鳴り

〔部分張り替えの施工手順〕

a) 正常な部分を傷めないように乱尺に撤去する。

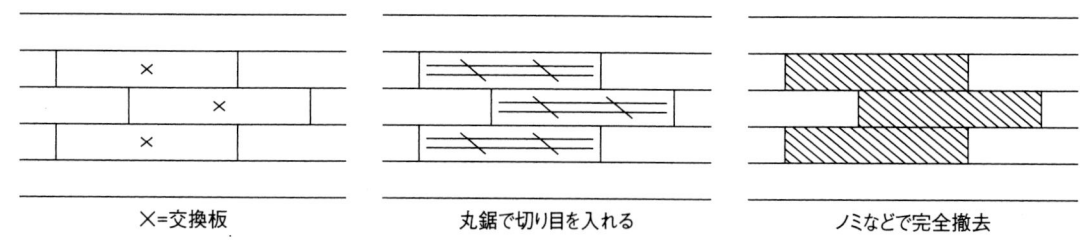

b) フローリングを張る

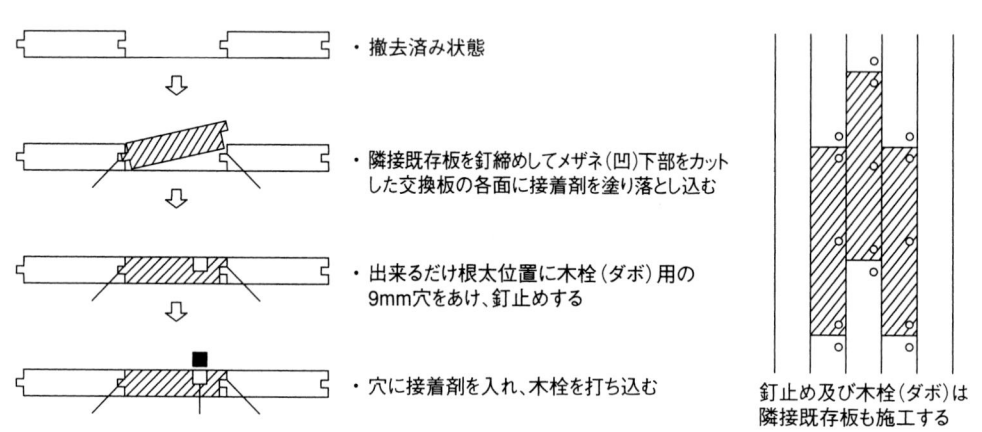

c) 研磨してフローリングの目違いをなくした後、清掃の上ウレタン塗装する。

(4) 重ね張り

既存のフローリングの上に新しいフローリング材を重ね張りする工法です。

経済的で廃棄物の発生の少ない方法ですが、下地材が健全であることが条件となります。また、重ね張りによって生じる周辺の段差の処理方法、床厚の差によって生じる床性能の変化を十分検討した上で採用して下さい。

〔重ね張り工法の施工手順〕

a) 既存床浮き部分の釘締め

　既存床が新設フローリングの下地材となるので、板が浮いた状態の個所はしっかりと釘締めをする。釘締めは作業効率を上げるために機械打ちでもよいが、後工事の研磨の邪魔にならないよう釘頭が若干埋まるようにすること。

b) 既存床の目荒らし研磨

　新設フローリングの糊つきをよくするために、既存床面の塗装をはがすとともに凹凸を解消する。既存の塗装を完全に除去するよう注意すること。

c) 新設フローリングの敷設

　木栓（ダボ）、フローリングの目地位置を既存床面とずらしてフローリングを敷設する。

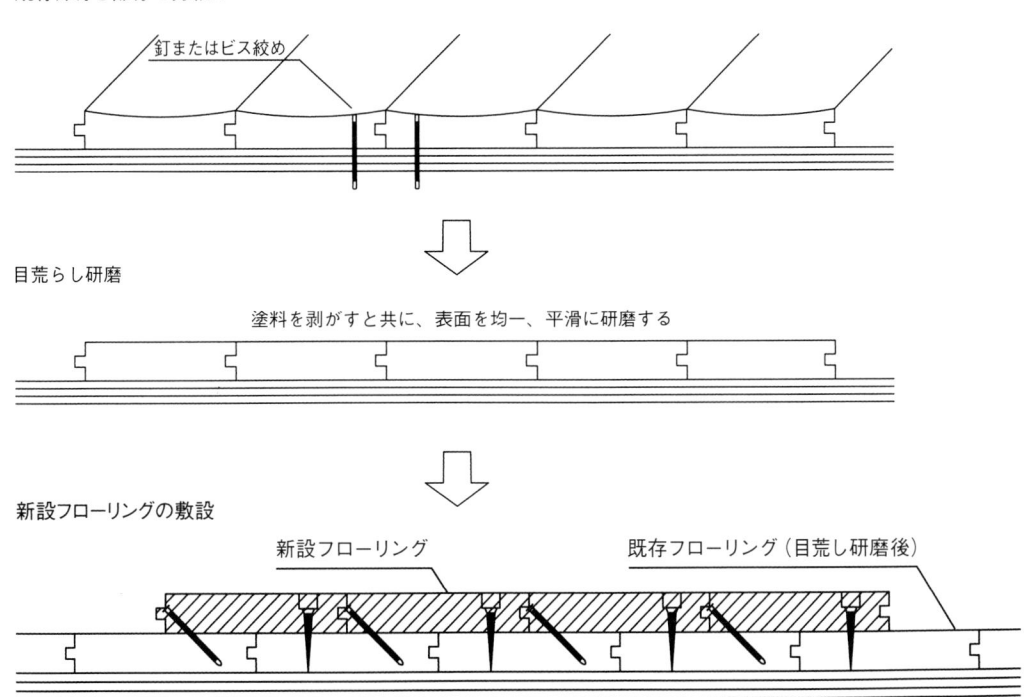

※必ず既存フローリングの目地をふさぐ位置に施工のこと。

〔出入口などの処理〕

・壁廻り

既存のエキスパンションゴムを撤去し、巾木に接しないようバックアップ埋木に置きかえる。

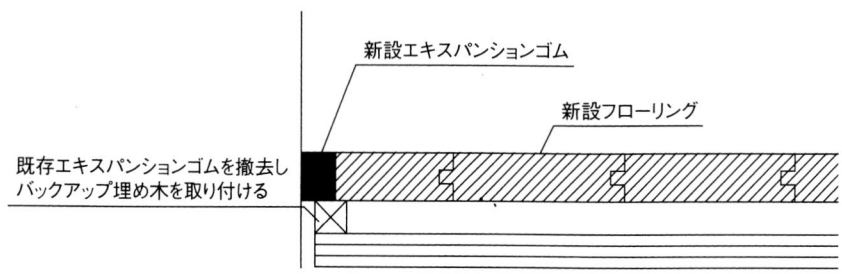

・換気口の付け替え

既存の換気口をいったん撤去し、スペーサーを取り付けた後、再度取り付ける。

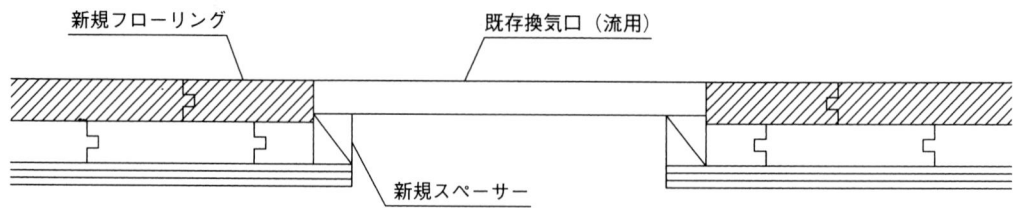

・外開きドア廻り

既存の床面との段差は、見切りを取り付けて処理する。

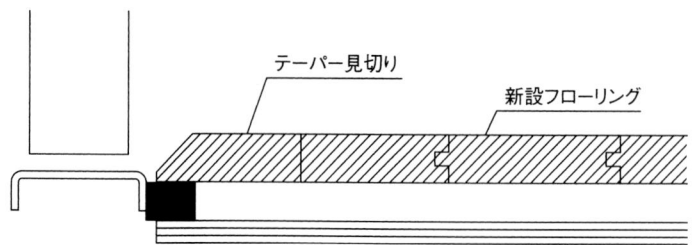

・内開きドア廻り

踏み込みを設けて段差を処理する。

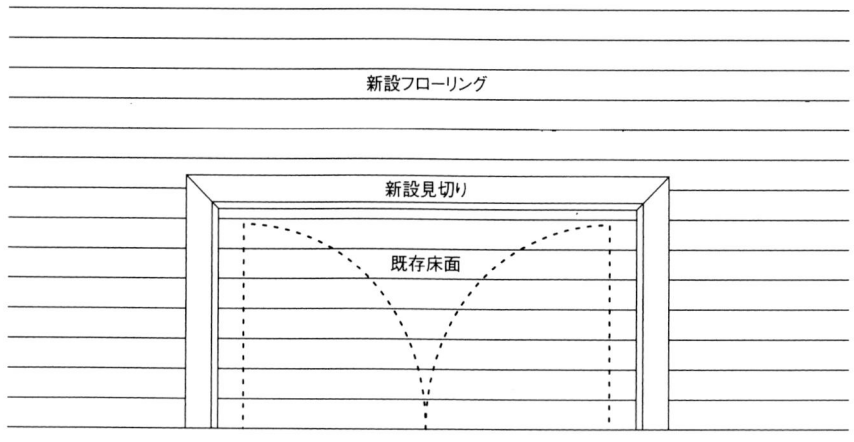

(5) 床金具・金具基礎の補修・改修

①床金具のビスがゆるみ、締めても空回りして締まらない場合

何度か締め直しているうちにビス穴が大きくなったと思われます。金具をいったん取り外して、ビス穴に接着剤を塗布した木栓（割箸などを利用しても可）を完全に埋め直し、接着剤が硬化した後に床金具を入れてビスを締め直すと固定できます。

②床金具の浮き上がり

床金具の浮き上がりは、床金具の変形、床金具を保持している床板の破損、床下部分の変形などの原因が考えられます。浮き上がりが生じた場合は、テープを貼るなどの応急処置を施した上で速やかに専門業者に連絡して補修することが必要です。

〔床金具の浮き上がりの主な原因〕
a）床金具の固定ビスの破損
b）重い支柱を直接床に落としたことによる変形
c）床板の伸縮による床金具の浮き
d）床板の破損
e）床下の基礎部分の破損

③床金具と支柱差し込み部がずれて、支柱が入らない

フローリングまたは下張り板の伸縮により床がずれていると思われます。床金具を取り外し、ずれた方向の隙間に埋木をして付け替えます。大きくずれている場合は、フローリングを張り足してから床金具を付け替えます。

フローリング材などの木製品は温度や湿度などの環境条件に左右されますが、一般的には施工後1年くらい経過すれば伸縮などの木の「あばれ」は少なくなり安定してきます。

④支柱差し込み部がぐらついている

床金具の基礎部分または床下金具取付用の充填コンクリートが破損していることが考えられます。これは許容以上の荷重がかかったか、充填コンクリートが硬化していないうちに使用し始めたかによります。

建設業者か床金具を取り付けた専門業者に相談し、速やかに修理しましょう。放置しますと床面まで破損が拡大する恐れがあります。

〔床金具を金具基礎部分から改修する場合の手順〕

a）床の撤去、金具のはつり出し

b）型枠・鉄筋枠の取り付け

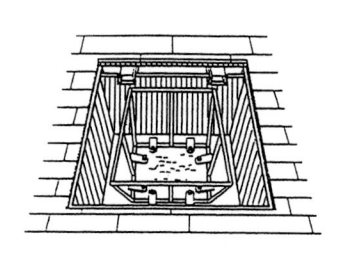

c）フローリングの乱尺切り取り、根太の補強

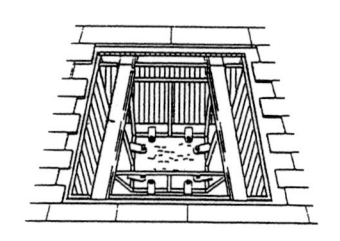

d）下張り板の施工

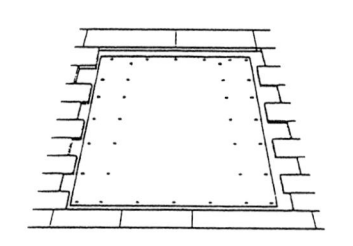

e）フローリング張り、サンダー掛け
ポリウレタン樹脂塗料1回目塗り

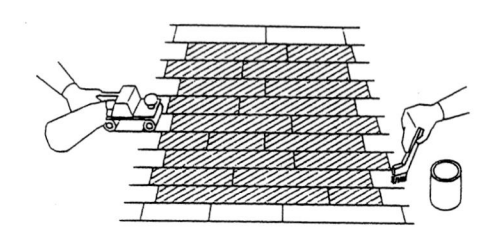

f）床金具ふた掘り込み、ポリウレタン樹脂塗料2回目塗り（ライン補修共）

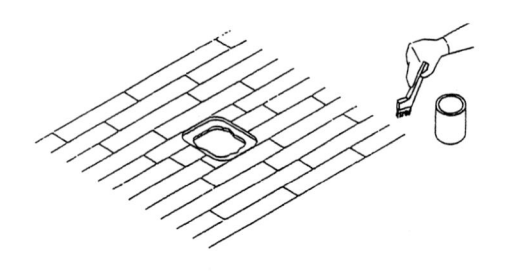

g）床金具取り付け、コンクリート固め

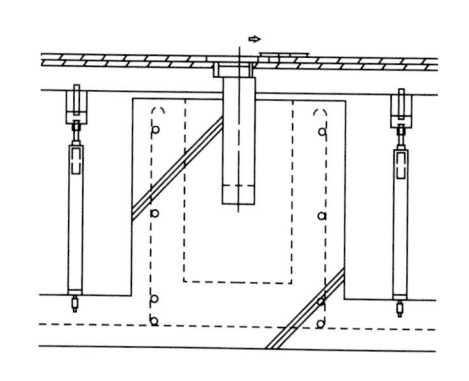

h）ポリウレタン樹脂塗料3回目塗り

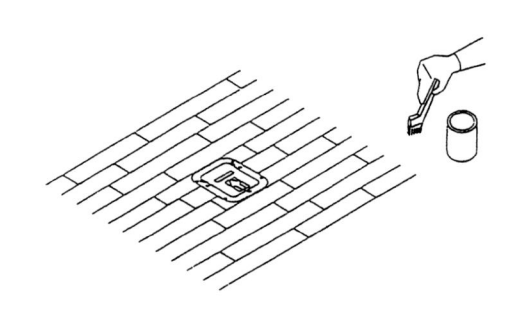

(6) 床伸縮目地の補修

体育館アリーナは面積が広いため、木製床材の伸縮が大きくなります。そのため床の周囲は伸縮に追従できるように設計されています。

例えば、壁側に取り付けた巾木は床面と縁を切り、隙間にはエキスパンションゴムを入れています。

壁面のエキスパンションゴムは特に大きな問題はありませんが、出入口部分や器具庫前に入れたエキスパンションゴムは、いろいろな器具のキャスターが通るために破損したり劣化が早くなります。

劣化・破損したエキスパンションゴムは交換しますが、特に破損が著しい個所は金属製のカバーを取り付ける方法があります。

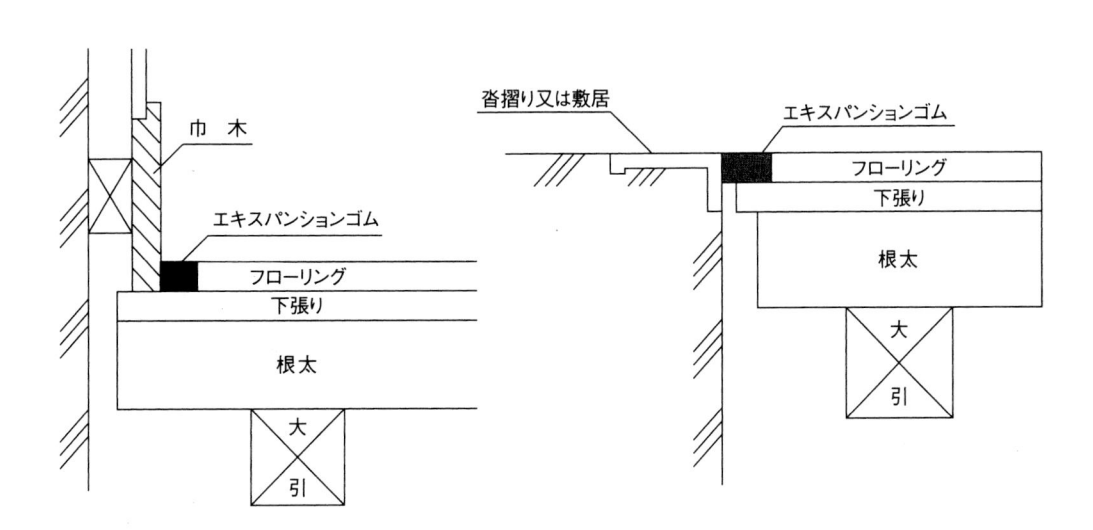

関連知識 5

ポータブルフロアの維持管理

近年、大型のインドアスタジアムや多目的コンベンション施設の出現により、床に求められている機能はスポーツから展示会場まで多様化しています。
ポータブルフロアは、これらの施設にフローリングによる本格的なスポーツフロアを創り出すことができる移動床です。
ポータブルフロアの維持管理の上で、特に注意して欲しいのは保管方法です。

・保管庫の空調
　ポータブルフロアのパネルは、多くは木質系材料にて構成されているため、通常の保管庫では乾燥度が悪く、パネルの寸法に狂いが生じる場合があります。
　ポータブルフロア用の保管庫は空調設備を有するものとするべきです。

・収納時の積み重ね
　フロアの種類にもよりますが、一山重ねの重量が約1トン以上になりますと下積みのフロアにいろいろな影響が出てきます。
　また、過度の収納は風通しを悪くするので注意して下さい。

4．床下地材の補修・改修

(1) 床下地材の劣化と補修・改修

　老巧化や床下の異常、局部的な外力などにより床下地材に部分的な不具合が生じた場合には、レベル調整程度の補修方法から部分張り替え、大引から下を残した根太材と床材の取り替えなどの改修方法があります。部分改修するか全面改修するかを含め、専門業者と相談して最適な方法を選択して下さい。

(2) 床レベルの調整

　地盤沈下などにより床レベルに狂いが生じ、競技に支障がある場合は床下地メーカーにご相談下さい。地盤沈下の状況や床下地の状態に応じて補修方法の検討が必要です。

　床を支持するコンクリートスラブ及び床システムが健全である場合には、ボルト調整・支持脚の取り替えなどにより、ある程度のレベル調整が可能です。

(3) 床下地材の補強

①大きな鉛直荷重が加わる場合の補強

　イベント時の土俵の設置や車両などの進入、仮設観覧席の設置など当初計画されていなかった重量物を載せる場合は、床下地メーカーに相談して床の状態を調査の上補強方法を検討して下さい。

　以下は補強方法の一例です。
・補強用の大引鋼を増設する。
・支持脚を増設する。
・局部的な補強の場合は、ストッパーとなる構造体を床下に挿入する。
　なお補強工事を行なう場合には、床の弾力性などが変わらないような工夫が必要です。
　また重量物の搬入経路や搬入方法と同時に、床表面の養生などの検討も必要です。

②横揺れの防止

　エアロビクスなどで大勢の人が同時に運動すると床が揺れることがあります。このような運動を行なう場合は、前もって以下のような対策を行なうことによって、横揺れを止めることができます。

・支持脚にブレースやつなぎ材を取り付けて揺れを防止する。
・床の端部に横揺れ防止治具を設置する。
　詳しくは床下地メーカーにご相談下さい。

(4) 床の部分張り替え

　局部的に床下地を含む床の張り替えが必要な場合は、以下の手順で補修します。

〔施工手順〕
①損傷部分に適度な大きさの開口を開け、床下を点検した後、損傷した下地材を撤去する。
②新しい下地材を取り付け、レベル調整後、下張り合板・フローリングを接着剤と釘で一体化する。
　（既存フローリングとの突き合わせ部は、脳天釘でおさえダボ処理をする）

③補修部分の仕上材表面を研磨し、既存仕上材との段差をなくした上で表面塗装を行なう。（周囲と色や艶をあわせるため、できれば全面塗装が望ましい）

(5) 根太材と仕上材の全面改修

通常、体育館のフローリングを全面的に張り替える場合、下地材を含めて全面的に改修することが多いですが、下地材が健全な場合は改修範囲をフローリング・下張り合板・根太鋼までとし、大引鋼と支持脚は再使用する方法があります。

〔施工手順〕
①フローリング・下張り合板の切断
　根太鋼の両脇の位置で、大引鋼を傷つけないようフローリングと下張り合板を同時に切断する。
②ビスの取り外し
　大引鋼を傷めないよう注意して、根太鋼を止めているビスを取り外す。ビスを溶断する場合は、火気に十分注意する。
③廃材の処理
　木材と根太鋼をバールなどで分離し、所定の寸法以下に切断し処分する。
④大引鋼・支持脚などの点検・補修
　支持脚の浮き、大引鋼の曲がり、ネジの緩みなどを点検し、補修・取り替えを行なう。
⑤根太鋼の取付け
　既存のビス穴との重複を避け、新しい根太鋼を取り付ける。

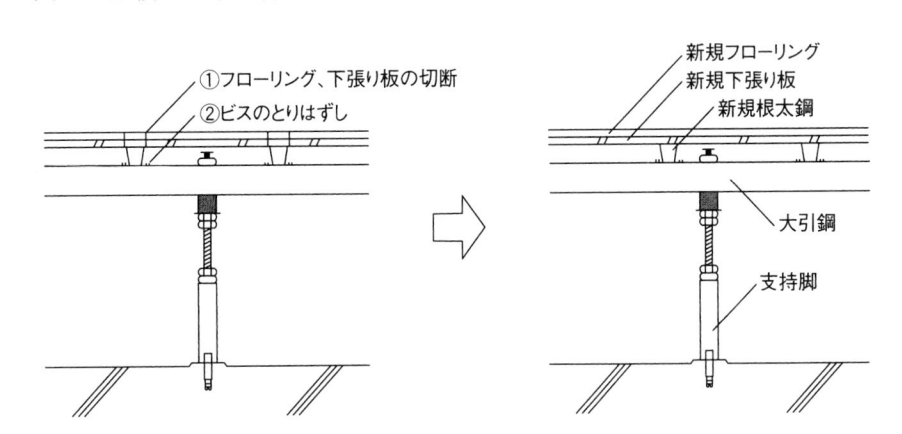

関連知識6　道場床／針葉樹床の維持管理

武道場の床には、桧・杉・松などの針葉樹が無塗装仕上で使われることがあります。
素足で行なうこれらの競技には、針葉樹特有の軟らかい肌ざわり・温かさ・すべりなどが適しているため好まれますが、一方でよりきめ細かなメンテナンスを行なわないと良好な状態を維持することが困難になります。
従って、採用に際しては十分な検討が必要です。

5. 全面改修

（1）既存木製床の全面改修

老巧化などにより、床の構成材全体に傷みが著しい時は全面改修を行ないます。

全面改修は基本的に新設と同様の工法で行ないますが、土間コンクリートや体育器具用基礎、換気口などをそのまま使用する時は、それらの点検・補修を怠らないように注意が必要です。

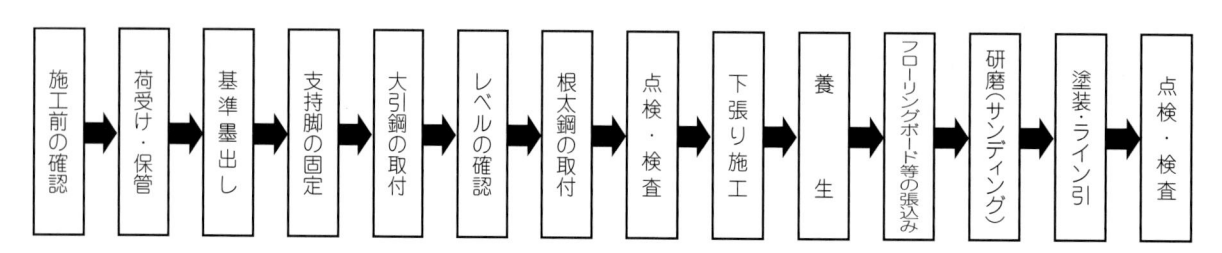

施工前の確認 → 荷受け・保管 → 基準墨出し → 支持脚の固定 → 大引鋼の取付 → レベルの確認 → 根太鋼の取付 → 点検・検査 → 下張り施工 → 養生 → フローリングボード等の張込み → 研磨（サンディング） → 塗装・ライン引 → 点検・検査

標準的な施工のフローチャート

（2）既存塗り床の木製床への全面改修

既存の塗り床仕上げのスポーツフロアーを木製床に全面改修することも可能です。

ただし、既存のコンクリート床を利用しますので床高さが変わります。通常は低床タイプの下地材を使用してその影響を最小限に軽減させますが、既存部分との納まりや取り合いには十分注意する必要があります。

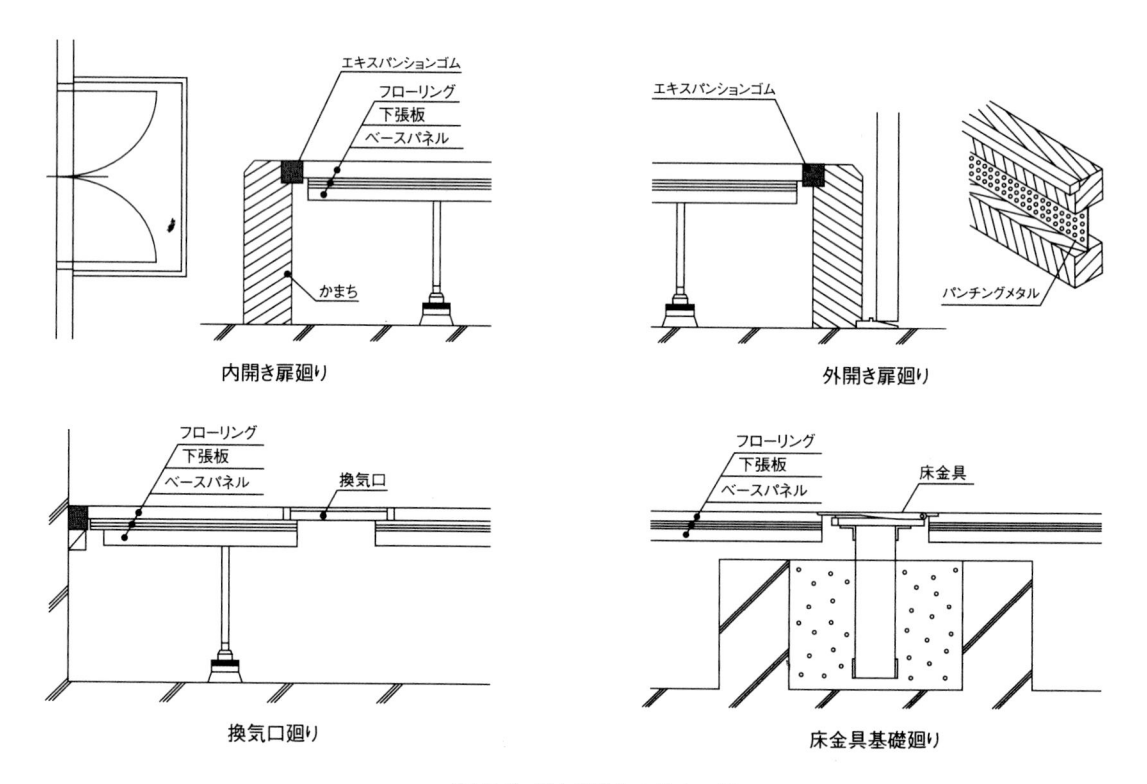

（図5-1）既存部分との納まり例

6. 下地コンクリートの補修・改修

　不具合の範囲が下地のコンクリートにまで及んでいる場合、その原因は建物そのものにあるか、予期せぬ力が働いた場合が多いと考えられます。例えば地盤沈下による土間の不同沈下、コンクリートのひび割れ、重量物の荷重によるコンクリートの破損などです。

　この場合には建設業者に調査を依頼し、原因を究明した上で適正な補修・改修工事を行なって下さい。

7. 改修工事を行なう際の留意点

　改修工事を行なう際には、施工業者と施設管理者が綿密な打合せを行なった上で工事を進める必要があります。

　以下に改修工事に際しての留意点を記します。

①改修規模や内容によっては、長期間施設が利用できなくなる場合がありますので、工期・工程・作業時間についてよく打合せを行なって下さい。
②工事に際しては利用者の安全確保を最重点で考え、安全通路の確保や工事場所の仮囲いなどの処置を施して下さい。
③資材置き場や工事車輌の搬入路の確保に留意して下さい。また工事規模によっては作業員の休憩所などが必要になる場合がありますので、事前に打合せを行なって下さい。
④工事の内容によっては騒音や振動を伴うことがありますので、近隣対策を含め事前に打合せを行なって下さい。
⑤工事用の電力や水道を使えるか否か、使える場合には利用方法・管理方法などについて打合せを行なって下さい。

　また近年、産業廃棄物の処理が大きな社会問題になっています。産業廃棄物問題は、民間業者や一般市民も真剣に取り組まなければならない課題です。

　改修工事の場合も産業廃棄物を正しく処分するだけでなく、廃棄物を減らす方法、資源を再利用する工夫などに対し積極的に取り組むことが重要です。極力廃棄物を発生させないような改修方法の選定についても、施工業者・施設管理者が一体となって取り組んでいかなければなりません。

関連知識 7

シックハウス対策について

　保育園や学校で児童にシックハウス症候群の被害が続発し、大きな社会問題になっており、その改善・予防対策が急がれ、行政も対策を打ち出しつつあります。

　厚生労働省では建材などから発散するVOC（揮発性有機化合物）について平成12年から室内濃度指針値の策定を進めており、現在までに下表に挙げた物質に指針値が定められています。

VOCの室内濃度指針値（TVOC＝暫定目標値 400μg／㎥）	
物質名	指針値 [μg／㎥]
ホルムアルデヒド	100　（0.08ppm）
スチレン	220　（0.05ppm）
トルエン	260　（0.07ppm）
クロルピリホス	1　（0.07ppb）
キシレン	870　（0.20ppm）
テトラデカン	330　（0.041ppm）
パラジクロロベンゼン	240　（0.04ppm）
ノナナール（暫定値）	41　（7.0ppb）
エチルベンゼン	3800　（0.88ppm）
フタル酸ジー2－エチルヘキシル	120　（7.6ppb）
フタル酸ジー n－ブチル	220　（0.02ppm）
ダイアジノン	0.29　（0.02ppb）
アセトアルデヒド	48　（0.03ppm）
フェノブカルブ	33　（3.8ppb）

　文部科学省では学校環境衛生の維持・改善を図ることを目的として「学校環境衛生の基準」を平成21年4月に改定し、学校の新築・改築・改修などを行なった際にはホルムアルデヒド及び揮発性有機化合物の濃度が基準値＊以下であることを確認させた上で引渡しを受けることを義務づけています。

＊ホルムアルデヒド及び揮発性有機化合物の濃度基準値
　ホルムアルデヒド　　：100μg／㎥（0.08ppm）以下であること。
　トルエン　　　　　　：260μg／㎥（0.07ppm）以下であること。
　キシレン　　　　　　：870μg／㎥（0.20ppm）以下であること。
　パラジクロロベンゼン：240μg／㎥（0.04ppm）以下であること。
　エチルベンゼン　　　：3800μg／㎥（0.88ppm）以下であること。
　スチレン　　　　　　：220μg／㎥（0.05ppm）以下であること。

　JIS（日本工業規格）・JAS（日本農林規格）の改定も進められ、ホルムアルデヒドの発散速度に応じて、建材の格付けがなされます。

　また**建築基準法では**平成15年7月からシックハウス対策が義務化され、①クロルピリホスの全面使用禁止、②「ホルムアルデヒド発散建築材料」の使用制限＊などが定められています。
＊スポーツフロアの場合、フローリング・合板・パーティクルボードなどの木質建材、現場施工の塗料・接着剤などが対象になり、ホルムアルデヒドの発散等級と室内の換気回数に応じて使用面積が制限されます。

　今後はスポーツフロアの補修・改修にあたっては、当然シックハウス対策を考慮して工事を行なう方向にあり、このため材料を提供する側はもちろん、提供される側もシックハウス対策の教育が重要となります。

付表1　スポーツフロア用塗料と特長

木床塗装の目的は、美観の向上と維持、木材素地の保護、機能性の付与にあります。
- 第1に美観を高め、それを維持する。
- 第2に木材の表面に傷や汚れが付かないようにし、また水分などによる木材の反り・ねじれなどを抑え、劣化・腐食を塗膜によって防ぐ。
- 第3に塗装により適正なすべり性をもたせ、スポーツ競技を安全に行なえるようにする。

スポーツフロア用として使用されている塗料は主に次にようなものです。
現在ほとんどの体育館にはポリウレタン樹脂塗料が使用されています。

種　　別	長　　所	短　　所
溶剤1液型 油変性 ポリウレタン樹脂塗料	●1液性で作業性がよい。 ●塗料用シンナーが使用でき、シンナーの臭いが弱い。 ●耐摩耗性がよい。 ●光沢がよい。 ●コスト的に有利。	●黄変しやすい。 ●溶剤臭が残る。 ●VOCが多い。
溶剤1液型 湿気硬化性 ポリウレタン樹脂塗料	●耐摩耗性がよい。 ●耐水・耐油性がよい。 ●耐溶剤性がよい。 ●短期施工が可能。	●開缶後に、空気中の湿気と反応しやすいため注意が必要。 ●湿気及び木材含水率によっては密着不良が起こることがあり、十分な管理が必要。 ●極端な厚塗りは反応硬化時にガスが発生し、塗面に気泡跡を残すことがある。 ●VOCが多い。
溶剤2液型 ポリウレタン樹脂塗料	●耐溶剤性がよい。 ●耐油・耐薬品などに優れている。 ●硬度・耐摩耗性などの物理性能が優れている。 ●光沢保持率が高い。 ●黄変しにくい。	●ポットライフ（2液混合したものの可使時間）がある。 ●価格がやや高い。 ●5℃以下に気温が下がると、シンナー揮発だけで反応はストップする。 ●臭いが強い。 ●VOCが多い。
水性1液型 ポリウレタン樹脂塗料	●引火性がなく安全である。 ●臭気が少なく後に残らない。 ●耐薬品・耐油性などに優れている。 ●メンテナンス・リフォーム適性に優れている。 ●VOCが少ない。	●黄変しやすい。 ●価格が高い。 ●肉持ち感が若干劣る。 ●5℃以下に気温が下がると塗膜形成が困難。
水性2液型 ポリウレタン樹脂塗料	●引火性がなく安全である。 ●臭気が少なく後に残らない。 ●耐薬品・耐アルコール性などが優れている。 ●メンテナンス・リフォーム適性に特に優れている。 ●塗膜が強靭である。 ●光沢・肉持ち感がよい。 ●黄変しにくい。 ●VOCが少ない。	●価格が高い。 ●5℃以下に気温が下がると塗膜形成が困難。 ●ポットライフ（2液混合したものの可使時間）がある。

（参考）塗料種別の特長を比較すると以下のようになります。

特長	←		→
コスト	安い	油変性＞湿気硬化性＞溶剤2液型＞水性1液型＞水性2液型	高い
乾燥性 （20℃・半硬化乾燥）	早い	水性1液型・水性2液型＞湿気硬化性＞油変性＞溶剤2液型	遅い
メンテナンス・ リフォーム適正	適正の 巾が広い	水性1液型・水性2液型＞湿気硬化性＞溶剤2液型＞油変性	適正の 巾が狭い
耐薬品性 耐溶剤性	優れている	溶剤2液型＞湿気硬化性＞水性2液型＞水性1液型＞油変性	
耐摩耗性	優れている	水性2液型＞水性1液型＞湿気硬化性＝溶剤2液型＞油変性	
臭い	少ない 弱い	水性1液型・水性2液型＞油変性＞湿気硬化性＞溶剤2液型	強い きつい
安全性	安全である	水性1液型・水性2液型＞油変性＞湿気硬化性＞溶剤2液型	

付表2 （公財）日本体育施設協会　屋内施設フロア一部会　会員名簿

スポーツフロアの維持管理に関するお問合せは下記にご相談下さい。

会員名(50音順)	電話	FAX	〒	所在地
明石木材㈱	03-6240-6777	03-6240-6770	110-0012	東京都台東区竜泉 1-25-6
㈱WITHフローリング	03-3424-8068	03-3418-2188	154-0002	東京都世田谷区下馬 3-8-8
㈱ウッドワン	050-9000-3332	0829-32-5606	738-8502	広島県廿日市市木材港南 1-1
永和床㈱	03-3253-0317	03-3257-1459	101-0021	東京都千代田区外神田 2-15-8 長坂第3ビル
㈱オーシカ	03-5916-8862	03-5916-8864	174-0041	東京都板橋区舟渡 1-4-21
㈱九州ライフ	096-273-2292	096-273-5505	861-0124	熊本県熊本市北区植木町石川 380-2
㈱協栄	03-3666-3522	03-3667-8046	103-0014	東京都中央区日本橋蛎殻町 2-13-9
㈱桐井製作所	03-5812-3770	03-5812-3772	113-0034	東京都文京区湯島 3-21-5 サンコート湯島ビル 9F
佐藤工業㈱	0547-45-2174	0547-45-2176	428-0013	静岡県島田市金谷東 2-3483
㈱三建	03-3410-8161	03-3410-8167	154-0003	東京都世田谷区野沢 3-3-17
三勇床工事㈱	03-5661-7801	03-5879-6341	134-0015	東京都江戸川区西瑞江 4-21-7
三洋工業㈱	03-5611-6310	03-5611-6311	130-0012	東京都墨田区太平 2-9-4
㈱シミズオクト	03-3351-2390	03-3351-2391	160-0015	東京都新宿区大京町 31-35 シミズ千駄ヶ谷ビル 6F
㈱霜鳥	026-227-7063	026-224-3314	380-0928	長野県長野市若里 1-27-2
㈱染野製作所	03-3735-4891	03-3736-9797	144-0051	東京都大田区西蒲田 7-60-1
空知単板工業㈱	0125-54-4330	0125-54-4332	073-0157	北海道砂川市三砂町 1
大日本塗料㈱	03-5710-4503	03-5710-4520	144-0052	東京都大田区蒲田 5-13-23 TOKYU REIT 蒲田ビル 8F
日本床工事工業㈱	03-3490-3081	03-3490-3608	141-0032	東京都品川区大崎 5-8-2 日床ビル
フクビ化学工業㈱	03-5742-6303	03-5742-6307	140-8516	東京都品川区大井 1-23-3 フクビビル
物林㈱	03-5534-3597	03-5534-3608	136-8543	東京都江東区新木場 1-7-22 新木場タワー 7F
松原産業㈱東京支店	03-3521-7201	03-3521-7225	136-0082	東京都江東区新木場 3-8-7
矢島木材乾燥㈱	0184-56-2500	0184-55-2539	015-0404	秋田県由利本荘市矢島町七日町字下山寺 42-2
事務局	03-3424-8068	03-3418-2188	154-0002	㈱WITHフローリング内 東京都世田谷区下馬 3-8-8

スポーツフロアのメンテナンス
スポーツ用木製床の維持管理と補修・改修マニュアル

令和2年12月3日　4版4刷発行

企画・編集発行　公益財団法人日本体育施設協会　屋内施設フロアー部会
〒170-0002　東京都豊島区巣鴨2-7-14　巣鴨スポーツセンター別館3階
TEL. 03-5972-1982　　FAX. 03-5972-4106

発売元　株式会社体育施設出版
〒105-0014　東京都港区芝2-27-8　VORT芝公園
TEL. 03-3457-7122　　FAX. 03-3457-7112

ISBN978-4-924833-53-1　C3052　￥1000E
定価　1,100円（本体1,000円）

※本書の一部あるいは全部を無断で複製・転載することは、法律で認められた場合を除き、著作者および出版者の権利の侵害となります。
あらかじめ上記発売元あてに許諾をお求め下さい。